ADAC Reiseführer

Andalusien

Costa del Sol
Costa de la Luz

von Marion Golder und Elke Homburg

Intro

Unterwegs

Karten und Pläne

Service

Leserforum

Die Meinung unserer Leserinnen und Leser ist wichtig, daher freuen wir uns von Ihnen zu hören. Wenn Ihnen dieser Reiseführer gefällt, wenn Sie Hinweise zu den Inhalten haben – Ergänzungs- und Verbesserungsvorschläge, Tipps und Korrekturen – dann schreiben Sie uns bitte:

Redaktion ADAC Reiseführer
ADAC Verlag GmbH
Am Westpark 8, 81365 München
Tel. 089/76 76 41 59
verlag@adac.de
www.adac.de/reisefuehrer

Andalusien Impressionen

Brücke zwischen Orient und Okzident

Warum ausgerechnet ein Germanenstamm auf Durchreise nach Afrika der südspanischen Provinz zu ihrem Namen verhalf, wird ein Rätsel der Geschichte bleiben. Aus **Al-(V)andalus**, Vandalenland, wurde Andalusien, heute mit 87 268 km^2 (bei rund 7,5 Mio. Einwohnern) die zweitgrößte der 17 Autonomen Regionen Spaniens.

Carmen und Don Juan

Mit Kastagnetten klappernde Schönheiten und glutäugige Gitanas à la Carmen, schmalhüftige Caballeros und wagemutige **Toreros**, dazu Sonne, ein ewig blauer Himmel und immer währende Fiesta. Unsere Andalusien-Klischees wurden schon im 19. Jh. geprägt – und werden im Zeitalter des Massentourismus durch Folkloreshows und bunte Werbeprospekte genährt.

Tatsächlich existieren diese Klischees nicht ganz so fern der Realität. Natürlich – nicht jede Hausfrau tanzt **Flamenco**, aber die Grundschritte der Sevillanas beherrschen die Andalusierinnen in der Regel. Und sind sie auch im Alltag passionierte Jeansträgerinnen, zu besonderen Anlässen verwandeln sie sich in ›**Carmen**‹ und holen das Flamencokleid aus dem Schrank.

Tatsache ist auch, dass in Andalusien mehr Zigeuner leben als anderswo in Europa. Allerdings führen sie kein romantisches Dasein, sondern stellen eine Randgruppe mit großen Problemen.

Der Fußball ist seit Jahren mindestens genauso populär wie die **Corrida de toros**, aber der moderne Stierkampf wurde tatsächlich in Andalusien entwickelt, und

Links unten: *Mitreißend und unwiderstehlich ist der Rhythmus eines feurigen Flamenco*
Rechts oben: *Andalusiens Küsten bieten viel Sonne, Sand und Attraktionen; lediglich Schatten ist etwa am Strand von Zahara de los Atunes rar*
Unten: *Das weite, hügelige Land verliert sich im Rot der Mohnblumen und im Grün der Olivenhaine*

bis heute sind hier die Mehrzahl der spanischen Toreros und ihrer Anhänger zu Hause.

Was das Wetter betrifft: Auch in Andalusien ist es mitunter kühl und regnerisch, aber die Statistik bürgt für eine Rekordzahl von Sonnentagen.

Und schließlich die **Fiesta**: Wenn die Andalusier feiern, scheint alle Opernromantik wahr zu werden. Der Wein fließt in Strömen, wenn sich stolze Caballeros hoch zu Ross und Fächer schwenkende Schönheiten ein Stelldichein geben. Gelegenheiten zum Feiern gibt es mehr als genug: Dem Pathos der Karwoche muss die heitere Erlösung der Frühlings-Ferias folgen, dazu gesellen sich Patronatsfeste, Weinfeste, Wallfahrten ...

Große Vergangenheit

Vor 3000 Jahren gründeten die Phönizier in Andalusien mit Cádiz die älteste noch bestehende Stadt Europas. Die römischen Kaiser Hadrian und Trajan wurden im Ort Itálica geboren, als Andalusien noch als Provinz Baetica zum Römischen Reich gehörte.

711 überquerte der berberische Feldherr Tarik Ibn Ziyad die Straße von Gibraltar und es begann, was die europäische Geschichtsschreibung jahrhundertelang als Fremdherrschaft des Glaubensfeindes abqualifizierte: die Herrschaft der Muslime. Tatsächlich läutete sie eine erste grandiose **Blütezeit** besonders für den

Blick nach Afrika

Von Tarifa, der südlichsten Stadt Spaniens, aus scheint Afrika zum Greifen nahe. Der Blick auf das afrikanische Küstengebirge mit dem **Dschebel Musa**, im Altertum die zweite Säule des Herkules neben dem **Felsen von Gibraltar**, beflügelt die Fantasie und stellt doch auch Realitäten klar. Andalusien ist eine Region am Rande Europas, nur die Straße von Gibraltar trennt sie vom afrikanischen Kontinent.

Die zweitgrößte Autonome Region Spaniens ist heute ein ›Schlusslicht‹ des Königreichs mit wirtschaftlichen Schwierigkeiten und vielen Arbeitslosen. Das war einmal ganz anders: Andalusien kann auf eine glanzvolle Geschichte zurückblicken, auf Zeiten, als es im Zentrum des Weltgeschehens stand.

tiefen Süden der Iberischen Halbinsel ein. Die Stadt Córdoba war im 8.–10. Jh., zur Zeit der Omaijadenherrschaft, die blühendste Stadt Europas, mit der sich keine andere im Abendland messen konnte. In der Metropole lebten damals fast eine Million Menschen, zu einer Zeit, als die großen mitteleuropäischen Städte gerade einige Tausend Seelen zählten. Es gab Schulen und Bibliotheken für die Volksbildung, gepflasterte Straßen und nächtliche Beleuchtung. An die 600 Badehäuser, für die Christen Tempel des sündhaften Körperkults, belegten eindrucksvoll die verfeinerte Lebensart des Orients.

Von der überlegenen Baukunst der Muslime zeugen bis heute vor allem der Märchenpalast der **Alhambra** in Granada und die **Mezquita** von Córdoba.

Handel und Wandel

Auch in der Landwirtschaft waren die muslimischen Eroberer den Spaniern weit voraus. Sie brachten Kulturpflanzen mit in ihre neue Heimat, die uns heute selbstverständlich sind: Reis und Safran, Zuckerrohr und Baumwolle, Spinat und Auberginen, Orangen und Zitronen. Die ›Wüstensöhne‹ importierten auch eine ausgefeilte **Bewässerungskultur**, die sie in den Oasen Marokkos erlernt hatten und mit deren Hilfe sie das trockene Land in einen blühenden Garten verwandelten.

Links oben: *Maurisches Erbe lebt fort in den prachtvollen Arabesken der Alhambra*
Links unten: *Farbige Azulejo-Kacheln*
Links Mitte: *Allgegenwärtiges Christentum: Santa María de los Alacazares in Úbeda*
Rechts oben: *Lebensstil der Andalusier*
Rechts: *Gassenlabyrinth der Weißen Dörfer*

Die Mauren waren führend in vielen Wissenschaften, vor allem aber in der Medizin. Ärzte beherrschten Narkosetechniken und führten komplizierte Operationen durch. Viele Errungenschaften aus maurischer Zeit gerieten in Vergessenheit, als 1492 der Halbmond auch über der letzten maurischen Bastion Granada unterging, als die sprichwörtliche **Toleranz**, die zumindest in den Zeiten des Kalifats das Zusammenleben zwischen Muslimen, Christen und Juden bestimmt hatte, durch Fanatismus und Ignoranz ersetzt wurde.

Doch fast 800 Jahre maurischer Herrschaft hinterließen ihre Spuren. Die maurische **Baukunst** sollte noch Jahrhunderte nach dem Abzug der Muslime den architektonischen Geschmack der Andalusier bestimmen. Maurischen Ursprungs ist auch die Anlage vieler Orte mit ihrem Gewirr von Gassen, ihren lauschigen Patios und paradiesischen Gärten, in denen das kühlende Wasser, höchstes Gut in einem heißen, trockenen Land, eine so große Rolle spielte.

Auch blieben in der spanischen Sprache mehrere Tausend Wörter arabischen Ursprungs erhalten.

Die vollendete **Reconquista** mobilisierte christliche Kräfte. Unter dem Deckmantel des Glaubenskrieges war geraubt und geplündert worden. Die Katholischen Könige hatten das wieder zu besiedelnde Land großzügig unter ihren Adligen aufgeteilt.

Handel und Landwirtschaft waren nicht die Sache der Christen. Misswirtschaft hätte viel früher zum Ruin geführt, hätte nicht ein Ereignis der Weltgeschichte den Fall Andalusiens hinausgeschoben und der Region ein zweites goldenes Zeitalter beschert: Die **Entdeckung der Neuen Welt** nahm in Andalusien ihren Ausgang. Die heimkehrenden Konquistadoren brachten Schätze mit, die Sevilla zu einer der reichsten Städte Europas machten, einen einzigartigen Bauboom ermöglichten und die Basis für kulturelle Höchstleistungen schufen. Doch das Gold, das nicht im Land investiert wurde, brachte auch die Inflation. Den fetten Jahren folgte allzu schnell der rasante Abstieg und aus einer Weltmacht wurde tiefe Provinz.

Kultur und Natur

Andalusien war und ist Feudalland, eine Landreform fand nicht statt. Die Gegensätze zwischen dem Elend der Landarbeiter, die sich mühselig mit Gelegenheitsarbeiten in der Oliven- oder Weinernte über Wasser halten und den Herren des Bodens prägt das ländliche Andalusien bis zum heutigen Tag, auch wenn in den Städten eine breite Mittelschicht entstanden ist.

Unter seinen Besuchern spricht Andalusien den **Kulturliebhaber** genauso an wie den Naturfreund. Mit grandiosen Sehenswürdigkeiten wird nicht gegeizt, sei es die *Alhambra*, entstanden auf dem Zenit maurischer Kultur in Andalusien, oder die *Mezquita*, die spektakulärste der wenigen Moscheen, die die Christen

Links oben: *Nach wie vor füllt das archaische Schauspiel des Stierkampfes Arenen*
Links unten: *Stiere, Pferde, stolze Reiter – unschlagbare andalusische Kombination*
Oben: *Wohlhabende Beschaulichkeit atmet die Marina del Este bei Almuñécar*
Unten: *Eine Kunst für sich ist das Verkosten des überaus beliebten Sherry*

übrig ließen, oder die größte gotische Kirche der Welt mit einem Glockenturm, der einst Minarett der Moschee Sevillas war. Attraktionen muss man nicht suchen, man streift sie en passant, seien es prähistorische Höhlen, römische Ausgrabungsstätten, Renaissancestädte, barocke Kirchen oder mit Schätzen reich bestückte Museen.

Doch auch die **Landschaft** geizt nicht mit Reizen und anregende Kontraste bestimmen das Bild: Kaum zwei Stunden Fahrt sind es von den schneebedeckten Gipfeln der *Sierra Nevada* bis zu den Küsten des Mittelmeers mit ihrer subtropischen Vegetation. Ist die *Sierra de Grazalema* die regenreichste Region Spaniens, so liegt in der Provinz Almería die einzige Wüste auf dem europäischen Kontinent. Die schöne und auch so misshandelte Mittelmeerküste, die **Costa del Sol**, hat ihr Pendant in der wilden, kontrastreichen Atlantikküste – jenseits der Straße von Gibraltar.

Die **Seele Andalusiens** findet man jedoch weder an den Küsten noch in den viel besungenen Städten, die allesamt ihren eigenen Charme haben. Endlose Olivenhaine und riesige Weinterrassen, der wilde Mohn auf den Getreidefeldern oder das leuchtende Gelb der Sonnenblumen – das sind die Bilder, die sich einprägen. Andalusisches Bauernland – eine Welt entfernt vom Lärm der Metropolen.

Der Reiseführer

Dieser Band führt in *neun Kapiteln* durch Andalusien. Die Autorinnen stellen die traditionsreichen Städte und grandiosen Landschaften dieser südspanischen Region vor. Detaillierte **Übersichtskarten** und **Stadtpläne** sowie die **Praktischen Hinweise** zu den jeweiligen Punkten machen dem Urlauber die Orientierung leicht. Auf besonders empfehlenswerte Sehenswürdigkeiten, Hotels oder Restaurants weisen die **Top Tipps** hin. Abschließend bietet **Andalusien aktuell A bis Z**, alphabetisch geordnet, nützliche Informationen für die Reise. Ein praktischer **Sprachführer** und interessante Kurzessays zu speziellen Themen im **Kaleidoskop** runden den Reiseführer ab.

Geschichte, Kunst, Kultur im Überblick

Von Kalifen und Katholischen Königen, Konquistadoren und Künstlern

um 20 000 v. Chr. Die ältesten Spuren menschlicher Siedlungen in Andalusien gehen bis in die Frühgeschichte zurück, wovon etwa die eindrucksvollen Höhlenmalereien der Cueva de la Pileta in der Nähe von Ronda zeugen.

ab 2500 v. Chr. Südspanien kristallisiert sich zu einem Zentrum der Megalithkultur heraus. Aus dieser Zeit stammen die Dolmen von Menga, Viera und El Romeral bei Antequera, die den Archäologen in vielerlei Hinsicht immer noch Rätsel aufgeben.

um 1100 v. Chr. Die Phönizier beginnen, entlang der spanischen Südküste Handelsniederlassungen zu errichten. Sie gründen auch die älteste Stadt des Landes: Gadir, das heutige Cádiz an der Atlantikküste.

ca. 900–550 v. Chr. An der Mündung des Guadalquivir blüht das sagenumwobene Reich Tartessos, das vielleicht mit dem in der Bibel erwähnten Tarsis identisch ist. Sein Reichtum basiert auf der Metallverarbeitung. Mit den Phöniziern entwickelt sich reger Handelsaustausch. Die Ankunft der phönizischen Karthager führt zum Zerfall von Tartessos.

um 650 v. Chr. Die Karthager steigen zur führenden See- und Handelsmacht im westlichen Mittelmeer auf. Diese Vormachtstellung wird ihnen jedoch bald von den Römern streitig gemacht.

Röm. Kaiser Hadrian, geborener Andalusier

218–201 v. Chr. Im Zweiten Punischen Krieg fällt Südspanien an Rom. Zu den ersten römischen Siedlungen gehört die Veteranenkolonie Itálica (gegründet 205).

1.–2. Jh. n. Chr. In der römischen Provinz Baetica, die in ungefähr dem heutigen Andalusien entspricht, wurden die Kaiser Trajan (reg. 98–117) und Hadrian (reg. 117–138) geboren.

ab 415 Mit dem Zusammenbruch des Römischen Reiches beginnt die Völkerwanderungszeit. Durch Spanien ziehen die Vandalen, die Andalusien (›Land der Vandalen‹) den Namen geben. Ihnen folgen Sueben und Westgoten.

450–711 Die Westgoten lassen sich auf der Iberischen Halbinsel nieder und wählen Toledo zur Hauptstadt ihres Reiches.

711 Unter dem Feldherrn Tarik Ibn Ziyad überqueren die Mauren die Straße von Gibraltar und unterwerfen in einem raschen Eroberungszug fast die gesamte Iberische Halbinsel.

Vorchristliche Steinfiguren belegen die lange Tradition des Stierkults

Im Namen ihres Glaubens: Die Katholischen Könige besiegen im 15. Jh. die Mauren ▷

722 Die Schlacht von Covadonga (in Asturien) bildet den Auftakt für die christliche Rückeroberung des Landes, die sog. Reconquista.

732 Karl Martell stoppt den weiteren Vormarsch der Mauren in der Schlacht von Tours und Poitiers.

756 Der aus Syrien geflüchtete Omaijade Abd ar Rahman I. gründet das unabhängige Emirat von Córdoba. Er war als einziger Spross seiner Dynastie dem grausamen Massaker der Abbasiden entkommen. Im Jahr 785 beginnt er mit dem Bau der Moschee von Córdoba.

929 Abd ar Rahman III. erhebt Al-Andalus zum unabhängigen Kalifat des Westens. Der strahlende Mittelpunkt dieses Reiches ist Córdoba, mit dessen Glanz und Reichtum sich damals nur Konstantinopel und Bagdad messen können. Unter der Regie von Abd ar Rahman III. entsteht die vor den Toren Córdobas liegende Palaststadt Medina Azahara.

976–1002 Der elfjährige Hisham II. besteigt 976 den Kalifenthron. Die Fäden der Macht hält jedoch bis 1002 der ehrgeizige Großwesir Almansur ›der Siegreiche‹ in den Händen. Er unternimmt zahlreiche Feldzüge gegen die Christen. 997 gelingt es ihm sogar, bis nach Santiago de Compostela vorzustoßen. Nicht zuletzt deshalb erhält er den Beinamen ›Schrecken der Christen‹.

1002–09 Nach dem Tod von Almansur übernimmt sein Sohn Abd al Malik al Muzaffar das Amt des Großwesirs, allerdings stirbt er kurze Zeit darauf. Aufgrund des Machtvakuums entbrennen innere Kämpfe um die Regierungsmacht, die sich 1009 zu einem Bürgerkrieg ausweiten. Der Kalif Hisham II. dankt resigniert ab. Die Palaststadt Medina Azahara wird 1010 von berberischen Truppen zerstört.

1031 Das Kalifat von Córdoba zerfällt in Teilkönigreiche (Reinos de Taifa).

1085 Der kastilische König Alfonso VI. erobert im Zuge der Reconquista Toledo.

1086–1145 Die gegen die Christen zu Hilfe gerufene Berberdynastie der Almoraviden aus Nordafrika bringt das Reich Al-Andalus unter ihre Vorherrschaft.

1150 Die Almoraviden werden entmachtet von den Almohaden, einem Berberstamm aus Nordafrika. Sevilla wird zur Hauptstadt des neuen Reiches.

ab 1212 In der Schlacht bei Las Navas de Tolosa erringen die christlichen Heere einen wichtigen Sieg über die Almohaden. Er ist der Auftakt für die Eroberungen von König Ferdinand III., der in den folgenden Jahren fast ganz Andalusien einnimmt. In die Hände der Christen fallen Córdoba 1236, Jaén 1246, Sevilla 1248 und Cádiz 1264.

1238–1492 Das islamische Reich von Granada hält sich aufgrund der geschickten Politik der Nasridenherrscher bis zum Jahr 1492. Fast von Beginn an unterstellen sie sich als Vasallen den christlichen Königen von Kastilien, d. h. sie sind zu Tributleistungen und Waffenhilfe verpflichtet. Das letzte maurische Königreich umfasst in etwa die heutigen Provinzen Granada, Málaga, Jaén und Almería. Im 13. Jh. beginnt Mohamed Ibn al Ahmar mit dem Bau der Alhambra von Granada.

1349–69 König Pedro I. von Kastilien errichtet mithilfe maurischer Künstler den Alcázar von Sevilla.

ab 1469 Die Hochzeit von Isabella von Kastilien mit dem Thronfolger Ferdinand von Aragón 1469 schafft die Basis für die spätere Vereinigung der beiden christlichen Königreiche in Personalunion (1479). Nach einem zehnjährigen Kriegszug gegen die Nasriden schließt das Königspaar, das in die Geschichte als die Katholischen Könige eingeht, die Reconquista 1492 ab.

ab 1478 Die Inquisition arbeitet zum ›Schutz‹ des christlichen Glaubens.

1492 Am 2. Januar 1492 übergibt der letzte Nasridenkönig Boabdil kampflos die Stadt Granada. Die Sepharden, die spanischen Juden, werden gezwungen, die christliche Religion anzunehmen oder das Land zu verlassen. Im gleichen Jahr entdeckt Kolumbus, auf seiner Suche nach dem Seeweg nach Indien, Amerika.
1502 Die noch in Spanien lebenden Mauren werden ebenso wie vor ihnen die Juden vor die ›Wahl‹ gestellt zu konvertieren oder auszuwandern. Die zwangsgetauften Mauren werden als Morisken bezeichnet.
1503 Sevilla erhält mit der Casa de la Contratación die Monopolstellung für den Handel mit den überseeischen Kolonien.
1516–56 Der Habsburger König Karl I., der spätere Kaiser Karl V. des Heiligen Römischen Reiches, erbt das spanische Weltreich, in dem ›die Sonne nicht untergeht‹. Er ist der Sohn von Johanna der Wahnsinnigen, der Tochter der Katholischen Könige, und dem habsburgischen Philipp dem Schönen.
1556–98 Philipp II., Sohn von Karl V., übernimmt die Regierungsmacht über Spanien.
1568–70 Aufstände der Morisken in den Bergen der Alpujarras werden blutig niedergeschlagen.
1571 In der Seeschlacht von Lepanto wird die türkische Vormacht im Mittelmeerraum gebrochen.
1581 Die Niederlande fallen von Spanien ab.
1588 Die ›unbesiegbare‹ spanische Armada wird vor der englischen Küste vernichtend geschlagen.
1609 Philipp III. vertreibt die Morisken aus Spanien.
1700–14 Die Habsburgerära endet in Spanien mit dem Tod Karls II. im Jahr 1700. Daraufhin entflammt 1701 der spanische Erbfolgekrieg, aus dem die Bourbonen 1714 siegreich hervorgehen. Gibraltar fällt bereits im Frieden von Utrecht (1713) an England.
1717 Aufgrund der Versandung des Guadalquivir geht das Handelsmonopol für die überseeischen Kolonien von Sevilla an Cádiz.
1805 In der Seeschlacht von Trafalgar tragen die Engländer unter Lord Nelson gegen die französisch-spanische Flotte den Sieg davon.
1808–14 Napoleonische Truppen besetzen 1808 ganz Spanien mit Ausnahme von Cádiz. Die Spanier kämpfen in den Jahren 1808–14 für ihre Unabhängigkeit von Frankreich. Den ersten Erfolg erzielen sie in der Schlacht von Bailén am 19. Juli 1808.
1812 Die Mitglieder der Nationalversammlung (Cortes) proklamieren im unbesetzten Cádiz die erste liberale Verfassung Spaniens, die die Errichtung einer konstitutionellen Monarchie vorsieht.
1814–33 Ferdinand VII., zurück aus französischer Gefangenschaft, setzt die Verfassung von Cádiz außer Kraft und regiert fortan als absolutistischer Herrscher.
1833–39 Im Streit um die Thronfolge kommt es zum ersten Karlistenkrieg. Weitere Kämpfe folgen 1847–49 und 1872–76.
1844 Die Polizeieinheit Guardia Civil wird gegründet und von den Großgrundbesitzern gegen aufständische Landarbeiter eingesetzt.
1873–74 Die erste Spanische Republik wird ausgerufen, kann sich jedoch nur kurze Zeit halten. Königin Isabella II. flieht ins Exil nach Frankreich.
1898 Der Spanisch-Amerikanische Krieg endet mit dem Frieden von Paris, bei dem Spanien seine letzten überseeischen Kolonien (Kuba, Puerto Rico und die Philippinen) verliert.
1923–30 Primo de Rivera putscht sich an die Macht und errichtet eine Militärdiktatur.
1931 Die Republikaner erringen in den Wahlen zur verfassunggebenden Versammlung einen eindeutigen Sieg. Die zweite Spanische Republik wird ausgerufen. Sie scheitert vor allem an der Frage einer Agrarreform. Das Klima im Land polarisiert sich zusehends.

◁ *Militärischer Drill bei der Guardia Civil*

Prinz Juan Carlos (li.) neben dem Diktator General Franco (re.)

1936 Die Volksfront, ein Bündnis der Linksparteien, siegt bei den Wahlen. Spanien kommt nicht zur Ruhe, Streiks und politische Morde sind an der Tagesordnung. Der radikale Reformkurs der Volksfrontregierung stößt auf den erbitterten Widerstand der Rechten.

1936–39 Eine Militärrevolte unter General Francisco Franco y Bahamonde in Spanisch-Marokko und die Ermordung des konservativen Abgeordneten Calvo Sotelo lösen 1936 den Spanischen Bürgerkrieg aus. Andalusien wird zum Aufmarschgebiet der Nationalen unter Franco. Nach einem dreijährigen Bürgerkrieg, der mehr als einer halben Million Menschen das Leben kostet, müssen sich die Republikaner geschlagen geben. Zurück bleibt ein tief traumatisiertes Spanien, ein innerlich gespaltenes Volk.

1939–75 Bis zu seinem Tod am 20. November 1975 hält der Diktator Franco die Zügel der Macht fest in seinen Händen. Nach seinem Tod wird schrittweise die Demokratisierung Spaniens eingeleitet.

1977 Die ersten freien Parlamentswahlen seit 1936 werden abgehalten.

1978 Die neu verabschiedete demokratische Verfassung Spaniens gesteht den Regionen politische Autonomie zu.

1981 Ein Putschversuch des Colonel Tejero, gestützt von Angehörigen der Guardia Civil, scheitert. König Juan Carlos I. stellt sich entschieden auf die Seite der jungen spanischen Demokratie.

1982 Felipe González gewinnt mit der PSOE (Sozialistische Arbeiterpartei Spaniens), die Parlamentswahlen.

1986 Spanien wird Mitglied der Europäischen Gemeinschaft.

1992 In Sevilla findet die Weltausstellung Expo '92 statt.

1996 José María Aznar und seine konservative Partei (PP) gewinnen die Parlamentswahlen und beenden damit die 14-jährige ›Ära Felipe González‹.

1999 Im August ist Sevilla Schauplatz der Leichtathletik Weltmeisterschaften.

2002 Spanien übernimmt im ersten Halbjahr die EU-Ratspräsidentenschaft. Im Juni treffen sich die Staats- und Regierungschefs der EU zum Gipfel in Sevilla.

2003 In Málaga, der Geburtsstadt des Künstlers Pablo Picasso, eröffnet im Oktober das Picasso-Museum.

2004 Bei den Parlamentswahlen im April gewinnt José Luis Rodrígues Zapatero, Kandidat der Sozialistischen Arbeiterpartei (PSOE). Unter großer Anteilnahme der Bevölkerung heiraten im Mai der spanische Thronfolger Felipe de Asturias und die Fernsehjournalistin Letizia Ortiz.

2005 Bei einer Volksbefragung im Februar stimmt das spanische Volk mit großer Mehrheit für die vorgeschlagene EU-Verfassung.

2006 Geburt der Infantin Leonor.

2007 Trotz Verwicklung in diverse Bau-Korruptionsskandale gewinnt die konservative Volkspartei PP die Kommunalwahlen in Marbella.

Ein glückliches Paar – 2004 heiraten Journalistin Letizia Ortiz und Thronfolger Felipe de Asturias

Weiße Dörfer wie Casares liegen wie Schmuckstücke in der andalusischen Landschaft

Unterwegs

Málaga und der Süden – sonnenverwöhnte Küste und gebirgiges Hinterland

Seit vielen Jahren ist die ›Sonnenküste‹, die **Costa del Sol**, eine der großen Ferienregionen Europas. Viel geschmäht wegen baulicher Sünden, zieht sie doch noch immer Jahr für Jahr Millionen von Urlaubern aus Nord- und Mitteleuropa an.

Das Kerngebiet des 300 km langen Küstenstreifens zieht sich von Nerja bis Estepona. Mittelpunkt ist die Provinzhauptstadt Málaga. Eine Bergkette, die stellenweise fast bis ans Meer reicht, schützt die Küste mit ihren ausgedehnten Stränden vor Wind. **Subtropische Vegetation** mit Palmen, Zypressen, Blütensträuchern, Agaven, Zitrusbäumen und das blaue Meer lassen eine Mittelmeerlandschaft wie aus dem Bilderbuch entstehen.

Wer einen preiswerten Urlaub mit viel Rummel ersehnt, mietet sich in Torremolinos oder Fuengirola ein, wer sich mehr Komfort leisten will, ist weiter westlich in Marbella anzutreffen.

So einheitlich Casares aus der Ferne wirkt, so verwinkelt zeigt es sich von Nahem

Relativ unberührt geblieben ist das schöne, gebirgige Hinterland der Küste. Dazu gehören Antequera mit seinen prähistorischen Grabmonumenten, die bizarren Karstformationen von El Torcal, vor allem aber die **Route der Weißen Dörfer**. Weiß sind sie fast alle, die Bergdörfer Andalusiens, das ist maurisches Erbe. Der Name *Ruta de los pueblos blancos* bezeichnet im Besonderen die Dörfer im Dreieck Cádiz, Tarifa, Ronda. Einige von ihnen sind bequem in Ausflügen von den Küstenorten aus zu erreichen. Doch wer ins Herz dieser Region vordringen will, muss viel Zeit mitbringen und sich abseits der Hauptrouten auf kleinen, kurvigen Pfaden und Passstraßen bewegen, die für die großen Touristenbusse nicht passierbar sind.

Über den *Pueblos* ragen **Burgen** auf, die an die Zeit der Reconquista erinnern, als hier die Grenze zwischen christlichem und maurischem Territorium verlief.

So einsam schön offenbaren sich die Strände von Nerja nur in den Morgenstunden

1 Nerja

TOP TIPP *Der angenehme Badeort ist weithin bekannt für seine Tropfsteinhöhle.*

Der Küstenort Nerja zählt dank seiner Badebuchten und **Strände** zu den viel frequentierten **Urlaubszentren** an der Costa del Sol. Die Altstadt von Nerja ist gepflegt und überschaubar, auf der schönen, von Palmen gesäumten Strandpromenade treffen sich die Spaziergänger. Von der Aussichtsterrasse **Balcón de Europa** bietet sich ein herrlicher Blick auf die zerklüftete Küste und ihr Hinterland.

Cueva de Nerja

2 km östlich von Nerja führt eine Abzweigung zur Tropfsteinhöhle *Cueva de Nerja* (Tel. 952 52 95 20, www.cuevadenerja.es, im Sommer tgl. 10–19.30 Uhr, im Winter tgl. 10–14 und 16–18.30 Uhr). Sie zählt neben der *Cueva de la Pileta* [Nr. 12] bei Ronda zu den ältesten Zeugnissen der Frühgeschichte Südspaniens. 1959 entdeckten Kinder aus dem benachbarten Dorf Maro den Eingang zur Höhle. Die rund 3 km lange unterirdische Höhlenwelt setzt sich aus einer Folge von **märchenhaften Sälen** zusammen. Gewaltige, sich auftürmende Stalagmiten und hängende Stalaktiten inszenieren ein fantastisches Naturspektakel. In dieser Kulisse findet alljährlich im Sommer ein Ballett- und Musikfestival statt. Der Besuch der Höhle wird von leiser klassischer Musik begleitet.

i Praktische Hinweise

Information

Oficina de Turismo, Puerta del Mar, 2, Nerja, Tel. 952 52 15 31, Fax 952 52 62 87, www.nerja.org

Hotel

******Parador de Nerja**, c/ Almuñécar, 8, Nerja, Tel. 952 52 00 50, Fax 952 52 19 97, www.paradores.de. Moderner *Parador* unweit der *Playa de Burriana* mit gemütlichen Terrassen mit Meerblick.

Restaurants

Pepe Rico, c/ Almirante Ferrándiz, 28, Nerja, Tel. 952 52 02 47. Angenehmes Hotelrestaurant mit Sommerterrasse. Bodenständige Küche (So geschl).

›34‹ (im Hotel Carabeo), c/ Hernando de Carabeo, 34, Nerja, Tel. 952 52 54 44. Kreative Mittelmeerküche mit Niveau. Gehobene Preisklasse (Mo geschl.).

2 Frigiliana

Schmuckstück der Sierra de Almijara.

Mehrfach wurde das malerische Bergdorf in der *Sierra de Almijara* (Höhe 433 m ü. d. M.) bei dem Wettbewerb ›Verschönert euer Dorf‹ ausgezeichnet. Nur 10 km nordwestlich von Nerja [Nr. 1] gelegen, ist Frigiliana ein beliebtes Ziel für Tagesausflüge, das auch per Bus gut zu erreichen ist.

Die Bewohner widmen sich liebevoll der Pflege ihres Dorfes. Jedes Jahr wird frisch geweißelt, die Blumentöpfe in den idyllischen Patios und auf den Balkonen neu arrangiert. An den Hauswänden erzählen hübsche **Kachelbilder** aus der Geschichte des Dorfes. Das Hauptthema sind dabei die Aufstände der Morisken in den Jahren 1568–70, die alljährlich beim Dorffest mit großer Begeisterung nachgespielt werden.

Praktische Hinweise

Hotel

***La Posada Morisca**, Loma de la Cruz (2 km außerhalb Frigiliana), Tel. 952 53 41 51, www.laposadamorisca.com Die zwölf fantasievoll gestalteten Zimmern des Hotel rural bieten einen traumhaft schönen Ausblick über das Meer; im Restaurant gibt es traditionelle und kreative mediterrane Küche.

3 Málaga

Geburtsort Picassos, blühende Hafenstadt und Drehpunkt der Costa del Sol.

Málaga ist einer der großen spanischen **Mittelmeerhäfen**, Hauptstadt und ökonomisches Zentrum der gleichnamigen Provinz sowie touristischer Dreh- und

Angelpunkt der *Costa del Sol*. Keimzelle der Stadt mit dem ausgesprochen milden Klima – 300 Sonnentagen im Jahr – war eine phönizische Siedlung. Heute ist sie mit rund 560 000 Einwohnern die zweitgrößte Stadt Andalusiens.

Den schönsten Blick auf Málaga hat man vom Hügel **Gibralfaro** mit dem gleichnamigen Castillo. Aus 130 m Höhe blickt man auf das Meer und die Berge, aber auch auf bauliche Zeugen der Geschichte: die **Alcazaba**, die Burg aus der Nasridenzeit, die sich den Berg hinaufschiebt, und den mächtigen Turm der **Catedral** in der Innenstadt, ein trutziges Denkmal der christlichen Rückeroberung. Imposant liegt das alte Zollgebäude **Aduana** an der schönsten Straße der Stadt, dem *Paseo del Parque*, wie ein Symbol aus der Zeit, als Málaga durch den Amerikahandel reich wurde.

In der Stadt selbst treten Gegensätze deutlich zutage: Prachtvolle Straßen und Plätze, modebewusste, schöne Menschen, Feinschmecker-Restaurants und Villenviertel gehören ebenso zum Ambiente wie vernachlässigte Vorstädte und trostlose Straßenzüge. Doch insgesamt blickt Málaga hoffnungsfroh in die Zukunft, die vielleicht den Titel Europäische Kulturhauptstadt 2016 mit sich bringen soll: Straßen werden ausgebaut, Gebäude und Denkmäler restauriert und eine ganze Reihe neuer Museen ist in Planung.

Grün gibt sich Málaga rund um den geschäftigen Hafen, der noch heute – neben dem gern gesehenen Tourismus – ein Lebensnerv der Stadt ist

Geschichte Gegründet wurde Málaga von den Phöniziern, die hier Handel mit **gesalzenem Fisch** trieben. Dieser Wirtschaftszweig ist möglicherweise auch für den Namen der Stadt verantwortlich, abgeleitet von *malac*, ›salzen‹. Den Phöniziern folgten die Griechen, und 206 machten die Römer Málaga als *Malacitanum* zum Bestandteil ihres Reiches. Die Römer wurden nach einem kurzen byzantinischen Intermezzo endgültig in der zweiten Hälfte des 6. Jh. von den Westgoten vertrieben. Diese wiederum hatten gegen die Berber 711 das Nachsehen. Zur Zeit des Kalifats von Córdoba (10./11. Jh.) versank Málaga dann in Bedeutungslosigkeit.

Die große **Blütezeit** der Stadt sollte kommen, als weite Teile Andalusiens bereits von den Christen zurückerobert waren. Zur Zeit des Nasridenreichs von Granada war Málaga 250 Jahre lang (1237–1487) Hafenstadt des letzten großen Maurenreichs auf spanischem Boden und damit wichtigste Verbindung nach Nordafrika. 1487, fünf Jahre vor Granada, fiel Málaga an die Christen.

Im 16./17. Jh. erlebte die Stadt wirtschaftliche Blüte durch den **Amerika-**

Ihr einzelner Glockenturm wurde zum Kennzeichen der Catedral von Málaga

handel. Nach einer Schwächeperiode im 18. Jh. brachte die Ansiedlung von Händlerfamilien aus Kastilien und dem Ausland erneuten Aufschwung im 19. Jh. Verarbeitet und verschifft wurden vor allem landwirtschaftliche Produkte der Region: der berühmte Malagawein, Rosinen, Mandeln, Fischkonserven. Im Spanischen Bürgerkrieg erlitt die Stadt schwere Zerstörungen.

Catedral

Der Rundgang beginnt mit dem Besuch der **Catedral** 1 (Mo–Fr 10–18.45, Sa 10–17.15 Uhr), einer der großen Renaissancekirchen Andalusiens. Das Siegesmonument der Christen wurde unter Kaiser Karl V. 1528, z. T. auf dem Grundriss der Hauptmoschee, begonnen. Das Westwerk wurde allerdings erst 1783 vollendet und der zweite Turm blieb ein Wunschtraum. **La Manquita**, ›die Fehlende‹, der Name für den Stumpf, ging auf die Kathedrale über und wurde fast zu einem Kosewort.

Trotz der langen Bauzeit wirkt das Gotteshaus, das schon allein durch seine Ausmaße (117 m lang, 72 m breit, 48 m hoch) beeindruckt, einheitlich, denn auch spätere Baumeister hielten sich an die Pläne des 16. Jh. Der Chor birgt mit dem Chorgestühl (1662) eine der Hauptattraktionen der Hallenkirche. Besonders interessant sind die 40 geschnitzten *Hochreliefs* von Pedro de Mena, dessen Heiligenfiguren sich durch große Lebendigkeit auszeichnen.

Beide Seitenschiffe sowie der Chorumgang sind mit Kapellen ausgefüllt. Mit dem Rundgang beginnt man am besten im südlichen Seitenschiff. Die dritte Kapelle ist die *Capilla del Rosario*, die dominiert wird von Alonso Canos Rosenkranzmadonna (17. Jh.). Die erste Kapelle im Chorumgang rechts beherbergt eine polychrome Madonnenfigur, *Nuestra Señora de los Reyes*, geschaffen von einem unbekannten kastilischen Meister des 14. Jh.

Dem Nordportal gegenüber liegt die kleine **Iglesia del Sagrario** 2 (18. Jh.), in deren Krypta Reste der Moschee-Fundamente auszumachen sind. Sehenswert ist das platereske Portal aus dem 16. Jh., das noch vom Vorgängerbau stammt. An der Plaza del Obispo liegt der **Palacio Episcopal** 3 (Bischofspalast, ab 16. Jh., Tel. 952 60 27 22), in dem mitunter Wechselausstellungen zu sakraler Kunst stattfinden.

Östlich der Catedral

Östlich der Catedral wandelt man ganz auf den Spuren des berühmtesten Sohnes der Stadt, Pablo Picasso: Über die Calle San Agustín gelangt man zu dem stimmungsvollen Renaissancebau des **Palacio de los Condes Buenavista** 4, in dem am 27. Oktober 2003 im Beisein der Köni-

TOP TIPP gin und des Königs das **Museo Picasso** (Tel. 952127600, www.mpicassom.org, Di–Do und So 10–20, Fr/Sa 10–21 Uhr) eröffnet wurde. Hier wird das Werk des kreativen Genies mit einer eigenen Sammlung kostbarer Gemälde und Zeichnungen gewürdigt. Zusätzlich finden interessante Wechselausstellungen statt.

In nördliche Richtung führt die Calle Granada vorbei an der **Iglesia de Santiago** 5, der Taufkirche Picassos. Sie wurde nach der *Reconquista* im *Mudéjar*-Stil erbaut und später barockisiert.

Nun ist es nur noch ein Katzensprung zur **Plaza de la Merced**, wo der große Künstler im Haus Nr. 15 am 25. Oktober 1881 das Licht der Welt erblickte. Vor einigen Jahren wurde hier in der **Casa Natal de Picasso** 6 (Tel. 952060215, www.fundacionpicasso.es, Mo–Sa 10–20, So 10–14 Uhr), ein einzigartiges Studienzentrum mit Werken des Meisters sowie über 4000 Büchern, 15000 Dias, Videofilmen, Fotografien und unzähligen Zeitungsartikeln zum Phänomen Picasso eingerichtet. Der große Künstler selbst verließ Málaga jedoch bereits 1891, als Vater Ruiz Blasco eine Position als Lehrer an einer Kunstschule in La Coruña (Galizien) erhielt. Die Familie kehrte lediglich für einige Urlaubstage nach Andalusien zurück, zuletzt im Jahr 1900. Zur Franco-Zeit wurde der Emigrant Picasso in Spanien totgeschwiegen. Auch nach der Demokratisierung dauerte es in Málaga eine Weile, bis man dem berühmten Sohn den ihm gebührenden Ruhm zukommen ließ.

Alcazaba

Auf der Calle Alcazabilla gelangt man südwärts zur Burg Alcazaba. Links vom Eingang fällt der Blick auf die Überreste eines römischen Theaters, **Teatro Romano** 7, das auf das 1. Jh. v. Chr. datiert wird. Einige Sitzreihen wurden restauriert, die Orchestra ist teilweise erhalten.

Viele der antike Bauelemente wie Säulen oder Marmorverkleidungen wurden beim Bau der **Alcazaba** 8 (Tel. 952227230, April–Okt. Di–So 9.30–20 Uhr, Nov.–März Di–So 8.30–18 Uhr) verwendet. Die Burg mit innerem und äußerem Mauerring ist im Wesentlichen ein Werk der Nasridenherrscher des 13./14. Jh. Sie wurde in den folgenden Jahrhunderten immer wieder erweitert, bis sie Mitte des 19. Jh. aufgegeben wurde und fortan als Armenquartier diente. Bei einer Restaurierung in den 1930er-Jahren wurden jüngere Gebäude abgerissen, andere im Stil der Nasridenzeit – nicht immer ganz originalgetreu – wieder errichtet.

Einst muss die Alcazaba ein prunkvoller Palast ähnlich der Alhambra von Granada [s. Nr. 17] gewesen sein. Doch kaum etwas von der aufwendigen Ausschmückung ist erhalten geblieben. Akanthusbüsche überwuchern Mauerreste, Rosen, spanischer Jasmin, Myrtenhecken und Zypressen säumen den Weg, der durch eine Reihe von mehr oder weniger restaurierten Toren stetig bergan steigt. Schließlich erreicht man die *Plaza de Armas* (Waffenplatz) und die *Puerta de los Cuartos de Granada*, die, dem Stil der Nasridenzeit nachempfunden, in den **inneren Palastbereich** führt. Hier befand sich ab dem 11. Jh. der eigentliche Palast sowie ein Wohnviertel. Heute findet man in diesem Areal das **Museo Arqueológico**. Es zeigt wertvolle Exponate zur Geschichte der Stadt, darunter prähistorische Funde und die berühmte ›grüne Keramik‹ aus Málaga (12.–14. Jh.).

Westlich der Catedral

Der weitere Stadtrundgang führt nach Südwesten, vorbei am vierflügeligen Bau des klassizistischen Zollhauses **Aduana** 9, Symbol des Handelslebens von Málaga und heute Sitz der Provinzregierung. In Zukunft soll es außerdem das

Trutzig-abweisend ragen die Mauern der Alcazaba auf, gemildert allerdings durch das Pflanzengrün

Muséo Arquéológico sowie das Museo de Bellas Artes beherbergen (Infos unter Tel. 952134731). Unweit davon führt der **Paseo del Parque** ⑩, der von Palmen und Platanen gesäumte Prachtboulevard, am Hafenbecken entlang. Beinahe mutet er wie ein botanischer Garten an, mit tropischen und subtropischen Gewächsen, die im milden Klima der Stadt bestens gedeihen. Westlich mündet er in die Plaza Marina, in deren Norden man nach dem etwas versteckten Eingang des **Museo Interactivo de la Música** ⑪ (MIMMA, Tel. 952210440, www.musicaenaccion.com, Mo–Fr 10–14 und 16–20, Sa/So 11–15 und 16.30–20.30 Uhr) Ausschau halten sollte. Über 300 Musikinstrumente aus verschiedenen Epochen und Ländern wurden hier zusammengetragen und viele von ihnen können nicht nur betrachtet, sondern auch ausprobiert werden! Im Festsaal finden regelmäßig Konzerte statt.

Weiter geht es durch die lebhafte **Alameda Principal** bis zum Río Guadalmedina. Wendet man sich vor dem Fluss nach Norden, erreicht man nach wenigen Schritten das **Centro del Arte Contemporáneo** ⑫ (CACMA, Tel. 952120055, www.cacmalaga.org, im Sommer Di–So 10–14 und 17–21 Uhr, im Winter 10–20 Uhr) in einer ehem. Großmarkthalle. Das Museum verfügt über eine große Sammlung internationaler zeitgenössischer Kunst, darunter auch Fotografien von Cindy Sherman und Holzinstallationen Juan Muñoz'. Zusätzlich sind interessante Wechselausstellungen zu sehen.

Ob am Meer oder in der Altstadt – köstliche Kleinigkeiten gibt es in Málaga in jeder Bar

Zum **Mercado Central** ⑬, der Markthalle, in der Calle Atarazanas sind es jetzt nur noch ein paar Meter in östliche Richtung. Auch zur Mittagszeit herrscht hier noch lebhaftes Treiben. Allerlei Meeresgetier und Früchte der Umgebung, am Montag auch frisches Stierfleisch, werden mit großer Lautstärke an den Mann und die Frau gebracht. Sehenswert ist auch das Marktgebäude selbst im Neo-*Mudéjar*-Stil. Besondere Beachtung verdient das *Eingangsportal* aus Marmor, das noch aus der Nasridenzeit stammt. Es war ursprünglich Bestandteil der königlichen Schiffswerften. Am Hufeisenbogen prangen zwei Wappen des 14. Jh., und ein Spruchband verkündet: »Allah allein ist der Sieger«.

Über die Calle Atarazanas gelangt man nach Osten zur **Puerta del Mar** ⑭. Die palmengesäumte Fußgängerzone zählt zu den schönsten Straßen der Innenstadt und in den Seitengassen machen sich viele kleine Restaurants und *Tapas*-Bars Konkurrenz. Nach einer langen Siesta belebt sich ab 17 Uhr wieder die nordöstlich anschließende Einkaufszone, deren Zentrum die *Calle Marqués de Larios* und die *Plaza de la Constitución* bilden. Von letzterer zweigt der **Pasaje Chinitas** ab, eine der malerischsten Straßen von Alt-Málaga.

Gibralfaro

Die schönste Zeit zum Besuch des Hausbergs **Gibralfaro** ⑮ ist der späte Nachmittag, wenn die Sonne nicht mehr brennt und die Stadt in ein sanftes Licht taucht. Will man sich nicht auf einen längeren Fußmarsch einlassen, kann man vom *Paseo del Parque* den Bus (Nr. 35) oder ein Taxi nehmen.

In maurischer Zeit wurde das **Castillo del Gibralfaro** (im Sommer tgl. 9–20 Uhr, im Winter tgl. 9–18 Uhr), die Festung auf dem Gipfel, vielfach umgestaltet. Außer Mauerresten und einem Außenturm blieb wenig erhalten, die heutige Form geht im Wesentlichen auf das 13./14. Jh. zurück. Restaurierungen stammen vor allem aus dem 20. Jh. Imponierend aber ist die **Aussicht** auf das Stadtzentrum und die Hafenanlagen . Im Süden ist die große Stierkampfarena **Plaza de Toros** ⑯ deutlich zu sehen. Weiter schweift der Blick über das gebirgige Hinterland sowie die Küste entlang bis nach Torremolinos, bevor man auf der Terrasse des benachbarten *Paradors* den Nachmittag schön ausklingen lassen kann.

Die Bewohner der umliegenden Hochhäuser haben bei Stierkämpfen einen Logenplatz

Praktische Hinweise

Information

Oficina de Turismo, Av. Cervantes, 1, Málaga, Tel. 952 13 47 31, Fax 952 21 41 20, www.malagaturismo.com

Flughafen

El Rompedizo (AGP), 8 km südwestlich des Zentrums, Málaga, Tel. 952 04 88 38. Internationale Flugverbindungen. Bus- und Bahnverbindungen zur Innenstadt.

Hotels

******Larios**, c/ Marqués de Larios, 2, Málaga, Tel. 952 22 22 00, Fax 952 22 24 07, www.hotel-larios.com. Eines der besten innerstädtischen Komforthotels.

******Parador de Gibralfaro**, Castillo de Gibralfaro, Málaga, Tel. 952 22 19 02, Fax 952 22 19 04, www.paradores.de. Einer der schönste Ausblicke Málagas bei hervorragendem *Parador*-Service.

******Parador de Málaga Golf**, Apartado de Correos, 324, Málaga, Tel. 952 38 12 55, Fax 952 38 89 63, www.paradores.de. Schöne Anlage mit angegliedertem Golfplatz, zwischen Málaga und Torremolinos gelegen, allerdings direkt in der Einflugschneise des Flughafens.

*****Hotel del Pintor**, c/ Álamos, 27, Málaga, Tel. 952 06 09 80, Fax 952 06 09 81, www.hoteldelpintor.com. Zentral gelegenes Stadthotel nahe der Plaza de la Merced mit origineller Ausstattung. Klein, aber fein.

****Hostal Victoria**, c/ Sancha de Lara, 3, Málaga, Tel./Fax 952 22 42 23. Nette und zentral gelegene Pension.

Restaurants

António Martín, Plaça La Malagueta, s/n, Málaga, Tel. 952 22 73 98. Lokal mit ausgesprochen stimmungsvollem Ambiente und innovativen Tapas (So abends und Mo geschl.).

Bodegón de Gurpegui, Paseo Cerrado de Calderón, 14, Málaga, Tel. 952 20 22 54. Leckere bodenständige Küche in originellem Ambiente im Stadtteil Pedregalejo. Reservierung empfohlen (So und Di geschl.).

El Jardín, c/ Cañón, s/n, Málaga, Tel. 952 22 04 19. Hübsches Café mit Tageskarte hinter der Catedral (So geschl.).

Refectorium Meson António, P. F. de Lesseps, 7, Málaga, Tel. 952 22 33 97. Fantasievolle spanische Küche der gehobenen Klasse (So geschl.).

Bars

Antigua Casa de Guardia, Alameda Principal, 18, Málaga, Tel. 952 21 46 80. Fässer mit Málaga-Wein schmücken die älteste Bodega der Stadt.

Bodegón El Pimpi, c/ Granada, 62, Málaga, Tel. 952 22 89 90. Leckere *Tapas* in Stierkämpferambiente in der Altstadt.

Am Strand von Torremolinos – Ruheplätze der Sonnenanbeter vor Hotelkulisse

4 Torremolinos

Rummelplatz der Sonnenküste.

Nur ein Katzensprung ist es vom Flughafen im Südwesten von Málaga [Nr. 3] zum beliebtesten Rummelplatz der Costa del Sol. Dabei war Torremolinos vor rund 60 Jahren noch ein kleines Fischerdorf. Getreidemühlen (*Molinos*) und ein Wachturm (*Torre*), zeichneten für den Namen der Siedlung verantwortlich.

In den 1950er-Jahren kamen die ersten Touristen, um sich an den 9 km langen **Stränden** zu erholen. In den späten 1960er-Jahren wurde ›Torre‹ zur Hippiemetropole erkoren, verewigt in James Micheners Kultbuch ›Die Kinder von Torremolinos‹. Die Hippies sind längst den Pauschaltouristen gewichen. Kilometerlang ziehen sich die Betonburgen der Hotels und Apartmenthäuser an der Küste entlang. Dazwischen tobt das Leben. Wer eher Vergnügen als Erholung sucht, ist hier gut aufgehoben: Diskotheken, Bars und Restaurants gibt es in Hülle und Fülle. Abends flaniert man entlang der Strandpromenade mit ihren Fischrestaurants und auch tagsüber kommt keine Langeweile auf. Tennis, Golf, Reiten und natürlich Wassersport – das Angebot ist ausgesprochen vielseitig.

Praktische Hinweise

Information

Oficina de Turismo, Plaza de la Independencia, Torremolinos, Tel. 952 37 42 31, www.torremolinos.es

Hotels

******Tryp Guadalmar**, Moby Dick, 2, Urbanización Guadalmar, Tel. 952 23 17 03, Fax 952 24 03 85, www.solmelia.com. Angenehmes, komfortables Strandhotel in einer ruhigen Wohnsiedlung.

*****Bajcondillo**, Paseo Marítimo, s/n, Torremolinos, Tel. 952 38 44 11, Fax 952 38 24 55, www.bajcondillo.com. Sympathisches Mittelklassehotel am Strand.

****Miami**, c/ Aladino, 14, Torremolinos, Tel./Fax 952 38 52 55, www.residencia-miami.com. Eine kleine Oase der Ruhe mit Swimmingpool.

5 Mijas

Das Vorzeigedorf der Costa del Sol.

Die **weißen Gassen** von Mijas ziehen sich wie Ränge eines Amphitheaters an den Berghängen hinauf. Doch das Paradedorf der Küste hat gelitten: Längst übersteigt die Zahl der Ausflügler die der Einheimischen um ein Vielfaches. Das Weiße Dorf läuft Gefahr, zu einer einzigen Souvenirbude zu verkommen

Ein Ausflug lohnt dennoch – allein wegen der **großartigen Sicht** auf die Küste. Auch ein Bummel durch die malerischen Gassen ist immer noch ein Vergnügen, wenn man den Rummel am Hauptplatz hinter sich lässt und in den oberen Teil des Dorfes hinaufsteigt.

i Praktische Hinweise

Hotel

Hotel Rural Hacienda San José, Mijas – Entrerríos, Tel. 952 11 94 94, Fax 951 31 31 41, www.hotelruralhaciendasanjose.com. Wunderschönes andalusisches Landhotel mit großzügigen Zimmern, Restaurant, Pool, Sauna und Tennisplatz.

6 Fuengirola

Beliebter Badeort mit großem Freizeitprogramm.

Eine kleine Altstadt und die Ruine der maurischen Burg *Sujayl* (10. Jh.) am westlichen Rand erinnern an die Ursprünge des Ortes, der heute ganz im Dienste des Tourismus steht. Ein **langer Strand**, ein Jachthafen sowie zahllose Sport- und Unterhaltungsmöglichkeiten versuchen, über die katastrophalen Bausünden, die hier vor allem in den 1970er-Jahren begangen wurden, hinwegzutrösten.

Einen reizvollen Nachmittag versprechen die weißen Gassen von Mijas den Besuchern

i Praktische Hinweise

Information

Oficina de Turismo, Avda. Jesús Santos Rein, 6, Fuengirola, Tel. 952 46 74 57, Fax 952 46 51 00, www.fuengirola.org

Hotels

******Beatriz Palace Hotel & Spa**, A 7, km 207, Fuengirola, Tel. 952 92 20 00, Fax 952 92 20 05, www.beatrizhoteles.com. Familienfreundliches Urlaubshotel am schönen langen Strand.

******Confortel Fuengirola**, Paseo Marítimo Rey de España, 87, Fuengirola, Tel. 952 92 10 00, Fax 952 92 10 01, www.confortelhoteles.com. Stilvoll minimalistisch eingerichtete Zimmer an der Strandpromenade.

7 Marbella

Im elegantesten Badeort der Küste tummelt sich nicht nur der Jetset.

»Que mar bella!«, »Welch schönes Meer!«, soll Isabella die Katholische ausgerufen haben beim Anblick des herrlichen Küstenstreifens. Dem Zauber des Ortes, dessen Ursprung in römischer Zeit liegt, erlagen in den 1950er-Jahren die Reichen und Schönen aus den kühleren Regionen Europas. Prinz Alfonso von Hohenlohe gründete mit dem **Marbella Club** einen Treffpunkt des Jetset, dessen Partys Marbella berühmt machten und der noch

In und um Marbella kann man sie sehen, die Statussymbole der Reichen und Schönen

immer Anlaufstelle derjenigen ist, die dazugehören (wollen).

In den 1970er-Jahren kam eine neue Klientel dazu, für die die hübsche weiße Moschee mit Hubschrauberlandeplatz im Westteil des Ortes errichtet wurde und auf deren Anwesenheit auch die arabische Ortsausschilderung hinweist: die **Scheichs**. Jahrhunderte nach der Vertreibung der Araber kamen ihre Nachfahren zurück und kauften sich ein – auch im Marbella Club.

Marbella gibt sich edel: Elegante Villen und Apartmenthäuser ragen hinter Hecken und Zäunen hervor, die Wohnanlagen im neomaurischen Stil passen sich harmonisch in die Landschaft ein und sind viel gefälliger als die Betonklötze weiter östlich. Grünflächen verschönern allenthalben das Stadtbild und schließlich gibt es noch eine bildhübsche **Altstadt** mit Resten der mittelalterlichen Wehrmauer. Zentrum ist die *Plaza de los Naranjos*, gesäumt von duftenden Orangenbäumen, gemütlichen Restaurants und dem Rathaus aus dem 16. Jh.

Einen Nachmittag lang sollte man in die Atmosphäre des Luxusjachthafens **Puerto Bañus** eintauchen, der 7 km westlich des Zentrums liegt. Hier versammeln sich teure Boutiquen, schicke Cafés und Feinschmecker-Restaurants, Golfplätze und ein Kasino ergänzen das Unterhaltungsprogramm.

i Praktische Hinweise

Information

Oficina de Turismo, Glorieta de la Fontanilla, s/n, Marbella, Tel. 952 77 14 42, Fax 952 77 94 57, www.marbella.es

Oficina de Turismo, Plaza de los Naranjos, 1, Marbella, Tel. 952 82 35 50

Hotels

******Marbella Club Hotel, Golf Resort & Spa**, Blvd. Príncipe Alfonso von Hohenlohe, Marbella, Tel. 952 82 22 11, Fax

Auch einfache Bars halten in Marbella für jedermann einladend ihre Tore geöffnet

952 82 98 84, www.marbellaclub.com. Die nobelste Art, in Marbella zu wohnen. Bungalows und Apartments sind eingebettet in einen herrlichen Park.

****El Fuerte, Avda. El Fuerte, s/n, Marbella, Tel. 952 92 00 00, Fax 952 82 44 11, www.fuertehoteles.com. Renommiertes Haus direkt am Strand.

**La Morada Mas Hermosa, Casco Antiguo, c/ Montenebros, 16 A, Marbella, Tel. 952 92 44 67, Fax 952 82 14 73, www.lamoradamashermosa.com. Ein kleines Juwel mit nur fünf Zimmern in der Altstadt.

**Lima, Avda. Antonio Belón, 2, Marbella, Tel. 952 77 05 00, Fax 952 86 30 91, www.hotellimamarbella.com. Das strandnahe Hotel bietet ein ausgezeichnetes Preis-Leistungs-Verhältnis.

Restaurants

In den unzähligen Restaurants der Altstadt kann man erstaunlich günstig essen. Kulinarische Meisterleistungen sind nicht zu erwarten, aber die Zutaten sind in der Regel frisch und schmackhaft.

Restaurante Santiago, Paseo Marítimo, 5, Marbella, Tel. 952 77 00 78. Hier speist man stilvoll und erlesen, vor allem Fisch und Meeresfrüchte.

8 Estepona

Geruhsamer Badeort.

Der einstige Fischerort besitzt eine nette, kleine **Altstadt**. Die Hotelbauten sind weit verstreut, die Uferpromenade, von der man bei guter Sicht einen Blick auf die *Säulen des Herkules* genießen kann, ist noch erstaunlich unverbaut. Hier geht es um einiges ruhiger zu als in den anderen Orten der *Costa*.

Vornehm präsentiert sich die nahe gelegene Nobelsiedlung **Sotogrande** mit Jachthafen, Golf- und Poloplätzen. Sie ist beliebter Tummelplatz der Briten aus dem benachbarten Gibraltar [Nr. 58].

i Praktische Hinweise

Information

Oficina de Turismo, Avda. San Lorenzo, 1, Estepona, Tel. 952 80 20 02, Fax 952 79 21 81, www.estepona.es

Hotels

*****Las Dunas Beach Hotel & Spa, Carretera Cádiz, Km 163,5, Estepona, Tel. 952 80 94 00, Fax 952 79 48 25, www.las-dunas.com. Elegantes und exklusives Wellness-Resort in neomaurischem Stil.

In Estepona kann man den Fischern beim Flicken ihrer Netze zusehen

*Mediterráneo, Avda. de España, 68, Estepona, Tel./Fax 952 79 33 93. Freundliches Hotel an der Strandpromenade, unweit des Ortszentrums.

Restaurant

Los Rosales, c/ Damas, 12, Estepona, Tel. 952 79 29 45. In eher schlichtem Ambiente werden umso köstlichere Tapas und Fischgerichte serviert (So geschl.).

9 Casares

TOP TIPP *Das hinreißend schöne Bergdorf erzählt vom einfachen Leben.*

14 km windet sich die Straße von der Küste bergauf nach Casares. Allein die Fahrt durch **Korkeichen-** und **Pinienwälder**, vorbei an Weiden, denen im Frühjahr Zistrosen Farbtupfer verleihen, lohnt den Abstecher. So mancher Halt, Ausgangspunkt für einen Spaziergang oder einfach, um tief durchzuatmen, bietet sich an, bevor sich der Blick auf das **Weiße Dorf**, bekrönt von Kastell und Kirche, auftut. Hier scheint die Zeit stehen geblieben zu sein und man kann nur hoffen,

Blendend weiß leuchten die Häuserkuben des malerisch-kleinen Casares im Sonnenschein

dass sich Touristenrummel à la Mijas in Casares nie breit machen wird.

Wer das Besondere liebt, kann in der Burg des 40 km südwestlich gelegenen Aussteigerdorfes *Castellar de la Frontera* übernachten.

Leider kommt die Fassade von Santa María durch das nah heranrückende Häusergewirr von Arcos nur bedingt zur Geltung

Praktische Hinweise

Unterkunft

Casas Rurales, c/ Rosario, 3, Castillo de Castellar, Tel. 956 23 66 20, Fax 956 23 66 24, www.tugasa.com. Elf liebevoll hergerichtete Zimmer in restaurierten Gebäuden des Burgbezirks.

10 Arcos de la Frontera

Eines der schönsten Weißen Dörfer und guter Ausgangspunkt zur Erkundung der Umgebung.

Dramatisch ist der Anblick schon von weitem – die weißen Würfel der Häuser scheinen auf dem Felsen zu kleben, der sich 160 m über dem Ufer des Río Guadalete auftürmt. Steil ragen aus dem Häusergewirr die Türme der beiden Hauptkirchen empor.

Das Erklimmen der Altstadtgassen ist wie bei den meisten *Pueblos blancos* nervenaufreibend für Autofahrer und ermüdend für Fußgänger. Eine Pause kann man am höchsten Punkt des Ortes, an der **Plaza del Cabildo**, im *Parador*, einlegen und den herrlichen Blick von der Terrasse über die Ebene genießen.

Nebenan steht die wichtigste Kirche des Ortes, **Santa María de la Asunción**. Das reich verzierte Westportal ist beste Isabellinik. Auch das Innere ist hübsch mit dem gotischen Palmbaumgewölbe und der zumeist barocken Ausstattung.

Durch verwinkelte Gassen, vorbei an Adelspalästen aus dem 15.–18. Jh., führt der Weg zur zweiten wichtigen Kirche des Ortes, **San Pedro**. Ebenfalls ein Bau der Spätgotik, wurde San Pedro im 18. Jh. maßgeblich umgestaltet und besitzt ein sehenswertes Retabel aus dem 16. Jh. mit Szenen aus dem Leben des Petrus.

i Praktische Hinweise

Information

Oficina de Turismo, Plaza del Cabildo, 2, Arcos de la Frontera, Tel. 956 70 22 64, Fax 956 70 22 26, www.ayuntamientoarcos.org

Hotel

***__Los Olivos del Convento__, Paseo Boliches, 30, Arcos de la Frontera, Tel. 956 70 08 11, Fax 956 70 20 18, www.hotel-losolivos.es. Freundliche Zimmer rund um einen hübschen Patio.

***__Parador de Arcos de la Frontera__, Plaza del Cabildo, s/n, Arcos de la Frontera, Tel. 956 70 05 00, Fax 956 70 11 16, www.paradores.de. Grandioser Blick und schönes Ambiente.

**__Hotel Rural El Tesorillo II__, Ctra. Arcos, 2 km vor Arcos de la Frontera, Tel. 619 32 86 01, Fax 618 31 80 92. Neues Gästehaus unweit eines alten Gutshofs. Swimmingpool und Reitmöglichkeiten.

**__Marqués de Torresoto__, c/ Marqués de Torresoto, 4, Arcos de la Frontera, Tel. 956 70 07 17, Fax 956 70 42 05. Die ehem. Residenz (17. Jh.) des Marqués beherbergt heute ein hübsches kleines Hotel.

11 Parque Natural Sierra de Grazalema

TOP TIPP *Die Igeltanne ist eine der botanischen Attraktionen des Naturparks.*

1984 wurde die Region, die mehrere Ausläufer der *Serranía de Ronda* umfasst, zum ersten spanischen Naturpark erklärt. Zum Erstaunen vieler handelt es sich um die regenreichste Region Spaniens. Die Wolken vom Atlantik müssen bei Grazalema erstmals ansteigen, kühlen dabei aus und regnen sich ab. Die Niederschläge haben die Landschaft geprägt, zur Verkarstung der Kalksteingebirge und zur **Höhlenbildung** beigetragen.

Das feuchte Klima sorgt außerdem für eine höchst abwechslungsreiche **Pflan-**

Einst strategisch bedeutsam, beherrscht Arcos das fruchtbare Land des Río Guadalete

zenwelt. Neben Johannisbrotbäumen, Kork- und Steineichen findet man auch eine botanische Besonderheit: die Igel- oder Pinsapotanne, ein Relikt aus dem Tertiär. Im Frühling prägt das Gelb des Drüsenginsters die Landschaft, und Wanderer sehen häufig Orchideen. Die *Fauna* steht der *Flora* in nichts nach, wenn auch die Bestände von Steinbock und Fischotter stark abgenommen haben. **Vögel** sind gut zu beobachten, darunter Gänsegeier und verschiedene Adlerarten.

Auf einer Rundfahrt kann man einige der schönsten Teile des Parks kennenlernen. Ausgangspunkt dafür ist **El Bosque**, wo auch die Parkverwaltung ihren Sitz hat. Bei ihr erhält man Informationen über die ausgewiesenen Wanderwege, Landkarten und die für einige Touren erforderliche Wandererlaubnis.

Ubrique

Auf der C 373 gelangt man nach Ubrique. Der Ort am Fuß des *Monte Tajo* hat sich zu einem wichtigen Zentrum des **Lederhandwerks** mit mehr als 100 Werkstätten und Fabriken entwickelt. Die Möglichkeit, sich günstig mit Stiefeln, Taschen oder Jacken einzudecken, lockt viele Besucher an.

Grazalema

Die C 375 führt über Benaocaz durch die karge Berglandschaft der *Sierra del Caillo* nach Grazalema. Das hübsche Dorf hat sich erfreulich wenig verändert. Treffpunkt ist der Dorfplatz mit netten Bars und kleinen Restaurants. **Wanderer** haben Grazalema längst für sich entdeckt, es ist ein idealer Ausgangspunkt für Touren in den Naturpark der Sierra de Grazalema. Allerdings ist zu beachten, dass vor allem im Winter und zu Beginn des Frühjahrs mit Regen zu rechnen ist, denn Grazalema ist in dieser niederschlagreichen Region der regenreichste Ort.

TOP TIPP Zahara de la Sierra

Die CA 531 von Grazalema nach Zahara ist steil, schmal und kurvig. Linker Hand liegt der Igeltannenwald der *Sierra del Piñar*. Die Straße steigt bis zum 1332 m hohen Pass *Puerto de las Palomas* an. Wie ein weißer Teppich liegen nördlich davon die Häuser von Zahara de la Sierra unterhalb des burgbekrönten Felsens. Wunderschön ist auch vom Dorf aus der Blick auf den Stausee *Embalse de Zahara*.

i Praktische Hinweise

Information

Oficina del Parque Natural, Avda. de la Diputación, s/n, El Bosque, Tel. 956 71 60 63, Fax 956 71 63 39

Hotels

********Puerta de la Villa**, Plaza Pequeña, 8, Grazalema, Tel. 956 13 23 76, Fax

Schafe finden in der Sierra de Grazalema schattige Weideplätze

Eingebettet in sattes Grün liegen die kontrastreichen weißen Häuser von Zahara

956 13 20 87, www.grazalemahotel.com. Geschmackvoll eingerichtetes Landhotel am Dorfplatz.

**Arco de la Villa, Camino Nazarí, s/n, Zahara de la Sierra, Tel. 956 12 32 30, Fax 956 12 32 44, www.tugasa.com. Nettes Hotel in schwindelerregender Höhenlage und mit herrlichem Blick.

12 Cueva de la Pileta

Grandioses Naturerlebnis und Reise zu den Anfängen der Menschheit.

Die 1905 von einem Bauern entdeckte Tropfsteinhöhle **Cueva de la Pileta** (Tel. 952 16 73 43, www.cuevadelapileta.org, Besichtigung nur im Rahmen einer etwa einstündigen Führung, 16. April–Okt. tgl. 10–13 und 16–18, sonst bis 17 Uhr) liegt etwa 22 km westlich von Ronda [Nr. 13], nur wenig westlich des Ortes Benaoján.

Als man 1912 mit der Erforschung der Höhle begann, entdeckte man Spektakuläres: Knochen, Werkzeuge, Tonscherben und Feuersteine von Menschen, die hier vor Tausenden von Jahren lebten. Die Funde wurden zum größten Teil ins Museo Arqueológico von Málaga [s. Nr. 3] gebracht. An den Felswänden finden sich aber noch heute bis zu 27 000 Jahre alte **Tierzeichnungen**! Auszumachen sind Darstellungen von Stieren, Pferden, Ziegen und das in der prähistorischen Kunst seltene Bild eines Fisches.

Achtung: Der Zugang zu den faszinierenden Zeugnissen der Anfänge menschlichen Lebens ist beschwerlich und wegen der glitschigen Stufen nicht ungefährlich.

Praktische Hinweise

Hotel

Molino del Santo, Benaoján (5 km nördl. der Cueva de la Pileta), Tel. 952 16 71 51, Fax 952 16 73 27, www.molinodelsanto.com. Sehr sympathisches und für sein Engagement im Umweltschutz ausgezeichnetes Hotel in einer alten Mühle.

13 Ronda

Plan Seite 35

Die weiße Stadt mit den dramatischen Ausblicken gilt als Wiege des modernen Stierkampfes.

Die Berühmtheit Rondas resultiert nicht zuletzt aus seiner grandiosen Lage. Stolz und trutzig wie ein **Adlerhorst** liegt es in 750 m auf einem Hochplateau, umgeben von mächtigen Gebirgszügen, die bis zu 1600 m hoch aufragen. Eine Brücke spannt sich seit dem 18. Jh. über die bis zu 90 m breite und 160 m tiefe Schlucht *Tajo* des Rio Guadalevín und verbindet die Altstadt, *La Ciudad*, mit der erst nach der *Reconquista* entstandenen Neustadt *El Mercadillo*. Das Stadtbild selbst besticht mit schmucken, weiß getünchten Häusern und alten Adelspalästen. Außerdem ist Ronda ein Wallfahrtsort für Stierkampf-*Aficionados*. Die Arena ist eine der ältesten Spaniens und viele berühmte *Toreros* waren hier zu Hause.

Geschichte Prähistorische Funde in der Umgebung lassen darauf schließen, dass Ronda zu den **ältesten Siedlungsgebieten** Spaniens gehört. Handelskontakte lockten Phönizier und Griechen in die Region. 122 v. Chr. machten die Römer Ronda zu einem ihrer Handelszentren, bis sie im 7. Jh. v. Chr. von den Westgoten vertrieben wurden.

Im Jahr 711, bald nach der Ankunft von Tariks Mannen in Andalusien, wurde Ronda maurisch. Es war ab dem 11. Jh. Hauptstadt einer *Taifa* (Königreich) und ab dem 13. Jh. Teil des Nasridenreiches. Zeitweise befand es sich auch im Besitz des Königs von Marokko. Erst 1485 gelang es den Christen, die bis dahin aufgrund ihrer Lage als uneinnehmbar geltende Stadt nach wohlgeplanter Belagerung zu stürmen. Wachsender Wohlstand des **Handelszentrums** ging in den folgenden 200 Jahren einher mit einer regen Bautätigkeit. Heute ist Ronda ein Städtchen von 36 000 Einwohnern, Sitz kleiner Industrien (Möbel und Nahrungsmittel) und ein beliebter Ausflugsort.

El Mercadillo

Ausgangspunkt des Stadtrundgangs ist das **Hotel Reina Victoria** 1 (s. u.) im nördlichen Teil des *Mercadillo*-Viertels. Das 1906 erbaute Haus besitzt einen wunderschönen Garten, in dem ein Bronze-Denkmal an Rainer Maria Rilke erinnert, der hier im Winter 1912/13 einige Monate verbrachte. Zu Ehren des berühmten Gasts wurde auch ein kleines *Museum* im Zimmer 208 eingerichtet.

Die Calle Doctor Fleming führt zum Zentrum und passiert den Stadtpark **Alameda del Tajo** 2. Hier steht die Büste des berühmten Stierkämpfers Pedro Romero (1754–1839) mit der Inschrift: »Für den Stierkampf muss man ein Mann sein, denn die Furcht schlägt mehr Wunden als der Stier.« Die Stierkämpferdynastie der Romeros aus Ronda hatte maßgeblich zur Formulierung der Regeln der modernen Corrida beigetragen.

Die Männerdomäne Stierkampf wurde in den letzten Jahren zwar erfolgreich von Frauen unterwandert, die Stierkampfarena **Plaza de Toros** 3 (April–Sept. tgl. 10–20 Uhr, März/Okt. 10–19 Uhr, Nov.–Febr. 10–18 Uhr) aber ist und bleibt ein Tempel des Männlichkeitskults. Sie geht zurück auf das Jahr 1785 und ist damit eine der äl-

Nur noch wenige Male im Jahr füllen sich die Ränge der Arena von Ronda mit Zuschauern

Kühn überbrückten Baumeister vor mehr als 200 Jahren mit der Puente Nuevo den Abgrund

testen Arenen des Landes, denn bis zu dieser Zeit fanden Stierkämpfe auf öffentlichen Plätzen statt. Das schöne Rund mit seiner durch zwei Arkadenreihen gegliederten Zuschauertribüne bietet 5000 Zuschauern Platz, wird aber nur noch zwei- bis dreimal im Jahr genutzt: am Sa vor Ostern, mitunter im Mai und Anfang Sept. Zu letzterem Termin wird in historischen Kostümen aus dem 18. Jh. die TOP TIPP **Feria de Pedro Romero** gefeiert und gekämpft. Der Arena ist ein kleines **Museo Taurino** (an Stierkampftagen geschl.) angegliedert, in dem Besucher zu Klängen aus Bizets andalusischem Opus ›Carmen‹ alte Plakate, Stierkämpferkostüme und historische Fotos betrachten können.

Die angrenzende **Plaza de España** 4 wird von zwei Gebäuden beherrscht: dem alten Rathaus, das inzwischen in einen *Parador* (s. u.) umgewandelt wurde, und dem ehem. Dominikanerkloster, einst Sitz des Tribunals der Inquisition. Von seinen Gebäuden sind nur die Kirche und Reste des Kreuzgangs erhalten geblieben. Noch vor der Puente Nuevo, die den Übergang zur Altstadt markiert, biegt man nach Norden ab in die Calle Villanueva, orientiert sich nach rechts zur

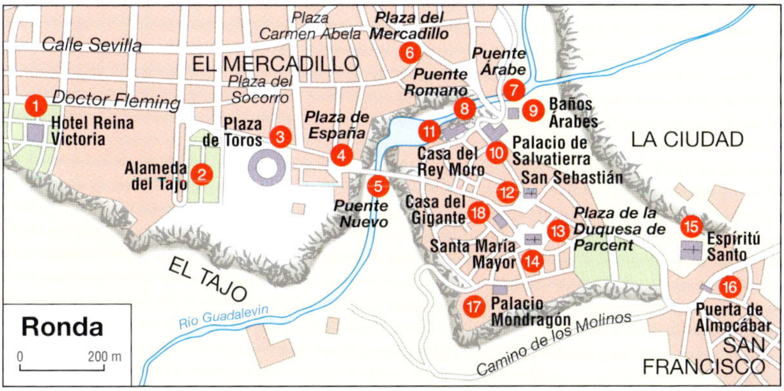

Calle Mina und gelangt zu einer hübschen Parkanlage mit dramatischem Blick auf den *Tajo* und die **Puente Nuevo** 5, die Neue Brücke, die die Schlucht an ihrer schmalsten Stelle überwindet. 1751 begann man mit dem Bau des 98 m hohen Meisterwerks.

Der Rundgang führt weiter zur **Plaza del Mercadillo** 6, die im 15. Jh. noch vor den Mauern der Stadt lag. Im Zentrum des stimmungsvollen Platzes steht ein achtstrahliger Brunnen. Zwei sakrale Bauwerke flankieren den Platz: die dem Ursprung nach gotische, aber vielfach veränderte Kirche *Nuestro Padre Jesús* sowie das Kloster *Madre de Dios* (16. Jh.).

Südöstlich führt die **Puente Árabe** 7, die arabische Brücke über den Fluss. Sie

Tod in der Arena

Federico García Lorca bezeichnete Spanien als »das einzige Land, dessen Nationalschauspiel der Tod ist«.

Der Kampf in der Arena lässt niemanden kalt: Den **Aficionados**, den Stierkampfverehrern, stehen die Gegner des Spektakels verständnislos gegenüber. Sicher ist, dass der Stierkampf in keiner anderen Region Spaniens so große Popularität genießt wie in Andalusien, wo die berühmtesten Toreros und die edelsten Stiere zu Hause sind.

Der späte Sonntagnachmittag zwischen Ostern und Ende Oktober ist in vielen Städten Andalusiens noch immer die Zeit der **Corrida de toros**, während der sich in der Regel drei **Toreros** je zwei Stieren entgegenstellen. In dem etwa 20 Minuten dauernden Spektakel eines Kampfes fiebert alles dem Höhepunkt entgegen, wenn sich Stierkämpfer und der schon durch Lanzenstiche und Widerhaken geschwächte Stier gegenüberstehen, bereit zum Todestanz. Der **Matador** lockt den Stier mit seinem roten Tuch, der **Muleta**, umschleicht ihn, neckt ihn, zeigt elegante Posen aus seinem Figurenrepertoire, stellt seine Intelligenz und Geschicklichkeit der massigen Kraft des über 500 kg schweren Tieres gegenüber.

Nach einer festgelegten Frist setzt der Torero zum **Todesstoß** an, der direkt auf die Hauptschlagader zielt. Ob es ihm gelingt, mit einem einzigen Stoß die richtige Stelle zu finden, oder ob er stümperhaft das Leiden seines Gegners vergrößert, entscheidet über den Jubel oder die Verachtung des Publikums.

Die besten unter den Toreros umgibt auch in Zeiten, in denen der Stierkampf in Spanien längst nicht mehr unumstritten ist, immer noch der Mythos von **Volkshelden**. Nur die Meister können von ihrer Kunst leben, eine Handvoll steigt zum **Großverdiener** auf. Ein Kampf um Leben und Tod ist die Corrida trotz aller **Kommerzialisierung** geblieben, schön und grausam zugleich. Sie fordert ihre Opfer auch unter den Großen der Torero-Zunft.

stammt aus dem frühen 17. Jh. und überspannt den Guadalevín in 30 m Höhe. Von hier aus blickt man auf die **Puente Romano** 8, die sog. römische Brücke, die wohl erst in arabischer Zeit errichtet wurde.

La Ciudad

Gegenüber, in der Altstadt *La Ciudad*, liegen die tonnenförmig eingewölbten **Baños Árabes** 9 (Mo–Fr 10–19, Sa 10–13.45 und 15–18, So 10–15 Uhr). Die arabischen Bäder (Anfang 14. Jh.) mit ihren hübschen sternförmigen Lichtöffnungen gehören zu den wenigen noch erhaltenen Relikten der arabischen Badearchitektur in Andalusien.

Durch die *Puerta Felipe V.* von 1742 führt der steile Weg hinauf in die eigentliche Altstadt. Zur Linken taucht die barocke Fassade des **Palacio de Salvatierra** 10 aus dem 18. Jh. auf. Über dem Haupteingang, der von korinthischen Säulen flankiert wird, befindet sich ein schöner schmiedeeiserner Balkon. Beachtenswert sind in Höhe des ersten Stockwerks auch die vier Gebälkträger – zwei Figuren, die ihre Scham bedecken, sowie zwei Figuren, die dem Betrachter die Zunge herausstrecken – die deutlich südamerikanische Einflüsse erkennen lassen.

Eines der interessantesten Gebäude der Altstadt ist die sagenumwobene **Casa del Rey Moro** 11 (tgl. 10–19 Uhr) das Haus des maurischen Königs. Es wurde zu Beginn des 14. Jh. von einem maurischen Despoten errichtet und diente wahrscheinlich militärischen Zwecken. Das heutige Gebäude stammt im Wesentlichen aus dem 18. Jh. Neben dem schönen *Garten* kann auch die *Mina del Aqua* besichtigt werden, ein Tunnel, in dem über 200 Stufen hinunter zum Fluss führen. Er sicherte die Wasserversorgung des Hauses auch in Belagerungszeiten.

Folgt man der Straße bergauf, passiert man die Kirche **San Sebastián** 12. Ihr Glockenturm mit Schlüssellochfenstern ist ein Relikt der Moschee, die im 14. Jh. an dieser Stelle errichtet wurde.

Über die Calle del Teniente Gordo gelangt man schließlich zur **Plaza de la Duquesa de Parcent** 13. Der einstige Waffenplatz wird im Süden von einem lang gestreckten Arkadenbau begrenzt, der Mitte des 17. Jh. als Kaserne erbaut wurde und seit 1978 als Rathaus dient. Links davon erhebt sich die wichtigste Kirche Rondas, **Santa María Mayor** 14 (tgl. 10–19 Uhr), die nach der *Reconquista* auf den

Mut zu erstaunlichem Stilmix zeigt das Äußere der Kirche Santa María Mayor

Grundmauern einer Moschee errichtet wurde. Der quadratische Glockenturm besteht aus einem Minarett der Almohadenzeit, das später mit einem Renaissanceglockenstuhl bekrönt wurde. Ungewöhnlich sind die hübschen Balkone, die als Zuschauertribünen für weltliche und geistliche Würdenträger bei öffentlichen Großereignissen wie den Stierkämpfen dienten.

Im Vorraum der Kirche zeugen Reste des *Mihrab*-Bogens, mit Kalligrafien und Arabesken verziert, von der Pracht der einstigen Nasriden-Moschee.

Im dreischiffigen Innenraum sind die verschiedenen Bauetappen deutlich auszumachen: Der Westteil wurde im frühen 16. Jh. noch im von Königin Isabella so geschätzten Stil der Spätgotik gestaltet. Ein völlig anderes Raumgefühl erwartet den Besucher im Ostteil der Kirche, der bei einem Erdbeben 1580 zerstört und im Stil der Renaissance wieder aufgebaut wurde. Vorbild war die Kathedrale von Granada [s. S. 51], deren Anordnung korinthischer und toskanischer Säulen kopiert wurde. In der Ausstattung überwiegen barocke Kunstwerke.

Ganz im Süden von *Ciudad* steht die wehrhaft anmutende einschiffige Kirche **Espíritú Santo** ⑮ (1485, Mo–Sa 10–13.30 und 15.30–18 Uhr). Daneben führt der einstige Hauptzugang zur Stadt, die mit den mächtigen Rundtürmen trutzig wirkende **Puerta de Almocábar** ⑯, in die Vorstadt San Francisco. Das gleichnamige Kloster wurde im 15. Jh. von den Katholischen Königen gestiftet. Zurück in der Altstadt, biegt man an der Plaza de la Duquesa de Parcent in die Calle Manuel Montero ein. Diese führt zum **Palacio Mondragón** ⑰ (Mo–Fr 10–18, Sa/So 10–15 Uhr), der 1314 als Sitz maurischer Herrscher erbaut und später verändert wurde. Die Renaissancefassade weist mit den über dem Portal liegenden maurischen Doppelfenstern Elemente des *Mudéjar*-Stils auf. Dies gilt auch für einige der *Patios*.

Die Calle Hidalgo führt zur **Casa del Gigante** ⑱ (Mo–Fr 10–18, Sa/So 10–15 Uhr), benannt nach der die Fassadenskulptur eines punischen Herkules. Die *Casa* ist ein ausgezeichnetes Beispiel für maurische Profanarchitektur des 14. Jh.

Ronda la Vieja

Etwa 20 km nordwestlich von Ronda liegen die Ausgrabungen der römischen Stadt *Acinipo* (tgl. 9–14 Uhr), auch Ronda la Vieja genannt. Erhalten sind Reste des antiken Forums, der Thermen und des Theaters.

Schaurig-schöne Lage: Arena und Parador vor der steil abfallenden Schlucht

Praktische Hinweise

Information

Oficina de Turismo, Plaza de Blas Infante, s/n, Ronda, Tel. 952 18 71 19, Fax 952 18 71 47, www.turimsoderonda.es

Oficina de Turismo, Plaza de España, 9, Ronda, Tel. 952 87 12 72

Hotels

**** **Molino del Arco**, Partido de las Frontones (8 km nördlich von Ronda), Tel. 952 11 40 17, Fax 952 11 44 57, www.hotelmolinodelarco.com. Ländliches Juwel mit viel Flair und Komfort.

******Parador de Ronda**, Plaza de España, Ronda, Tel. 952 87 75 00, Fax 952 87 81 88, www.paradores.de. Hinter der Fassade des alten Rathauses, dramatisch am *Tajo* gelegen, präsentiert sich einer der schönsten *Paradores*.

******Reina Victoria**, c/ Dr. Fleming, s/n, Ronda, Tel. 952 87 12 40, Fax 952 87 10 75, www.hotelhusareinavictoriaronda.com. Das Rilke-Hotel lebt vom Ruhm vergangener Tage. Etwas für Nostalgiker.

*****San Gabriel**, c/ Marqués de Moctezuma, 19, Ronda, Tel. 952 19 03 92, www.hotelsangabriel.com. Charmantes kleines Stadthotel in einem 1736 erbauten Haus in der Altstadt.

****Hostal Virgen del Rocio**, c/ Nueva, 18, Ronda, Tel. 952 87 74 25. Freundliche Pension.

Restaurants

Don Miguel, c/ Villanueva, 4, Ronda, Tel. 952 87 10 90, www.dmiguel.com. Gepflegtes Hotelrestaurant mit ortstypischen Spezialitäten und schönem Blick auf den *Tajo*.

Salón Macías, c/ Pedro Romero, 3, Ronda, Tel. 952 87 42 38, www.hermanosmacias.com. Nettes, preisgünstiges Restaurant im Hotel Hnos. Macías bei der Stierkampfarena.

Pedro Romero, c/ Virgen de la Paz, 18, Ronda, Tel. 952 87 11 10. Lokal mit Stierkampfambiente; Spezialität ist das köstliche Rabó de Toro, Stierschwanz-Ragout.

Bar

TOP TIPP **La Verdad** (im Restaurant Hnos. Macías), c/ Pedro Romero, 3, Ronda, Tel. 952 87 42 38. In dieser gemütlichen Bar gibt es Wein vom Fass und eine Vielzahl von Tapas.

Die letzten Sonnenstrahlen des Tages tauchen Setenil in unwirkliches Licht

14 Setenil und Olvera

Gewagte Architektur auf, unter und im Fels.

Ganze Straßenzüge schieben sich abenteuerlich zwischen die **Felsvorsprünge**, die teilweise das Dach ersetzen. Wohnen mag in den dunklen Gemäuern von Setenil heute kaum noch jemand, aber als Kulisse für urige Bars sind sie ideal.

Auf dem Weg nach Norden passiert man die Wallfahrtskirche **Los Remedios**, ein Kleinod des andalusischen Barock. Von hier hat man den schönsten Blick auf die Dorfanlage von Olvera, bekrönt von einer mittelalterlichen Festung und einer mächtigen klassizistischen Kirche.

15 Antequera

Geschichtsträchtige Kleinstadt mit bedeutenden Megalithgräbern.

Das 42000 Einwohner zählende Landstädtchen ist das Zentrum der fruchtbaren Hochebene des Río Guadalhorce. Die ältesten Spuren menschlichen Daseins gehen in Antequera auf die Megalithkultur (um 2500 v. Chr.) zurück. Davon zeugen heute noch die am Ortsrand liegenden **Dolmen** [s. S. 40], die zu den eindrucksvollsten Zeugnissen der spanischen Frühgeschichte zählen. Die Römer nannten, vielleicht daran anknüpfend, die Stadt *Anticaria*, ›die Alte‹, woraus sich der heutige Name entwickelte. In maurischer Zeit wurde ein Kastell erbaut, doch dies konnte nicht verhindern, dass die Christen die Stadt 1410 zurückeroberten.

Hoch über Antequera, auf dem *Cerro de San Cristobal*, thront die maurische **Alcazaba** aus dem 14. Jh. Von der einst auf römischen Fundamenten erbauten Burg existieren außer den Befestigungsmauern nur noch Bergfried und Pulverturm. Von hier oben bietet sich ein herrlicher Blick auf Antequera und die weite Hochebene des Guadalhorce.

Innerhalb der Festungsanlage liegt die elegante Renaissancekirche **Santa María la Mayor**. Die frühere Stiftskirche mit ihrer prachtvollen *Mudejar*-Holzdecke wird heute als Ausstellungs- und Konzertsaal genutzt. Auf dem Rückweg in die Altstadt führt ein Abstecher zur ehemaligen Klosterkirche der Unbeschuhten Karmeliter, **Nuestra Señora del Carmen**. Von außen wirkt die Kirche eher nüchtern, im Innern offenbart sie sich als barockes Kleinod von großer Schönheit.

Auf der nahe gelegenen Plaza Coso Viejo befindet sich das *Städtische Museum* im **Palacio de Nájera** (Di–Fr 10–13.30

und 16.30–18.30, Sa 10–13.30, So 11–13.30 Uhr) aus der ersten Hälfte des 18. Jh. mit einem stimmungsvollen Innenhof. Die Sammlung umfasst Exponate von der Antike bis zur Neuzeit. Das Glanzstück des Museums ist die römische Bronzestatue eines wunderschönen Jünglings, in der Fachwelt als der *Ephebe von Antequera* (1. Jh. n. Chr.) bekannt.

Dolmenes de Menga y Viera

Der Besuch der am östlichen Ortsrand von Antequera gelegenen Dolmen (Di–Sa 9–18, So 9.30–14.30 Uhr) kommt einer Zeitreise von gut 4000 Jahren gleich. Die **Grabanlagen** verbergen sich in Hügeln, in die ein schmaler Gang bis hin zur eigentlichen Grabkammer führt. Ungeklärt ist nach wie vor, inwieweit die Dolmen für kultische Zwecke genutzt wurden und welche Rolle astronomische Gesichtspunkte beim Bau der Anlagen spielten.

Der großzügig angelegte *Dolmen de Menga* (2500 v. Chr.) zählt zu den ältesten Zeugnissen westeuropäischer Baukunst. Die ovale Grabkammer besteht aus 15 senkrecht aufgestellten Steinplatten. Die Deckplatten werden durch eine Reihe von Pfeilern abgestützt. Der schwerste Stein dieser grandiosen, prähistorischen Krypta wird auf 180 t geschätzt.

Ganz in der Nähe befindet sich der deutlich kleinere *Dolmen de Viera* (1800 v. Chr.). Im Vergleich zu Menga besticht die sorgfältigere Bearbeitung der Steine und deren genaue Fugung.

Dolmen del Romeral

4 km entfernt liegt der Dolmen del Romeral (2500 v. Chr, Di–Sa 9–18, So 9.30–14.30 Uhr). Erstaunliche Parallelen wurden in der Bauweise dieses Grabhügels und der des Schatzhauses des Atreus in Mykene festgestellt. Dies könnte auf frühe Verbindungen der beiden Mittelmeerkulturen hindeuten.

Praktische Hinweise

Information

Oficina de Turismo, Plaza San Sebastián, 7, Antequera, Tel./Fax 952 70 25 05, www.antequera.es

Hotel

*****Parador de Antequera**, Paseo García del Olmo, 2, Antequera, Tel. 952 84 02 61, Fax 952 84 13 12, www.paradores.de. Moderner, ruhig am nordwestlichen Innenstadtrand gelegener *Parador* (voraussichtlich bis Herbst 2008 geschl.).

Noch heute liegt Antequera ganz im Schatten der alles beherrschenden, wuchtigen Alcazaba

Mit etwas Fantasie wandeln sich die Felsen von El Torcal in Horste, Zinnen, Riesen ...

Restaurants

El Mirador, Ctra. Torcal, km 0,5, Antequera, Tel. 952 84 45 23. Herrliche Ausblicke auf die Stadt. Auf der Speisekarte stehen lokale Spezialitäten.

La Espuela, Paseo María Cristina, Plaza de Toros, Antequera, Tel. 952 70 51 04. Lokale Leckereien wie das Dessert *Bienmesabe* oder Tomatenkaltschale *Porra*.

16 Parque Natural El Torcal de Antequera

TOP TIPP *Bizarre Felslandschaft wie aus einer anderen Welt.*

In Antequera [Nr. 15] ist die Straße zum 13 km entfernten Naturschutzgebiet El Torcal ab der Arena gut ausgeschildert.

Die fantastische **Karstlandschaft** El Torcal de Antequera umfasst ein Gebiet von 1170 ha und liegt auf einer Höhe zwischen 1000 und 1300 m. Auf einer Wanderung entlang des grün markierten **Sendero del Torcal Alto** (ca. 40–60 Min.; man sollte unbedingt festes Schuhwerk tragen) ergeben sich immer wieder traumhafte Ausblicke auf diese Märchenlandschaft aus Stein.

Wie verwunschene Wesen wirken die bizarr geformten Felsen. Die eigenartigen Karstgebilde gehen geologisch auf die Zeit der alpinen Faltenbildung zurück. Die damals im Gestein entstandenen Risse wurden im Laufe der Jahrhunderte durch Witterungseinflüsse weiter vertieft.

In dem kleinen **Museum des Naturparks** (Di–So 10–14 und 16–17.30 Uhr, bis voraussichtlich Herbst 2007 geschl.) veranschaulichen einfache Modelle hervorragend die komplexe Geologie des Gebiets. Auch erfährt man hier Interessantes über den Artenreichtum der hiesigen Pflanzen- und Tierwelt.

Granada und Umgebung – letzte Bastion der Mauren

Schönheit und Anmut von Granada wurden immer wieder von Sängern gepriesen und von Dichtern in Verse gefasst. Die wohl schönste Liebeserklärung widmete Federico García Lorca seiner Heimatstadt: »Granada ist eine Stadt der Muße, eine Stadt der Betrachtung und Fantasie, eine Stadt, in welcher der Verliebte besser als in irgendeiner anderen den Namen seiner Liebe in den Sand schreibt (...). Granada ist gemacht für Traum und Träumerei«. Vieles von dem, was die Stadt Granada heute ausmacht, verdankt sie ihrer **maurischen Vergangenheit**. Die Dynastie der Nasriden (1238–1492) führte das Königreich von Granada zu einer späten Blüte, als das restliche Spanien bereits wieder in christlichen Händen lag. Das kostbarste Vermächtnis der 250-jährigen Herrschaft der Nasriden ist der Palast der **Alhambra**, ein glanzvoller Höhepunkt islamischer Baukunst. Ihren Ruhm verdankt die Stadt aber auch ihrer einzigartigen Lage. Die *Alhambra* mit den schneebedeckten Gipfeln der **Sierra Nevada** im Hintergrund ist ein unvergesslicher Anblick, der selbst die eher nüchternen Mitteleuropäer ins Schwärmen versetzt. Südlich der *Sierra Nevada* erstreckt sich die wildromantische Berglandschaft der **Alpujarras**, in der die Mauren aus Granada ihre letzte Zufluchtstätte fanden.

Vom Meer trennen Granada nur 70 km. Die Küste gehört zur östlichen *Costa del Sol*. In den vergangenen Jahren wurde jedoch verstärkt die Bezeichnung **Costa Tropical** verwendet. Der Tourismus hat auch hier das Gesicht der Küste verändert, doch einige Orte konnten sich trotzdem noch etwas von ihrer andalusischen Atmosphäre bewahren.

17 Granada

Plan hintere Umschlagklappe

Zauberhafte Stadt der Alhambra.

Die Erwartungen an Granada (240 000 Einw.) sind hoch gesteckt, um so ernüchternder ist für viele Besucher der erste Eindruck. Die Fahrt ins Stadtzentrum führt durch triste Vorstädte, die in den 1960er- und 1970er-Jahren lieblos aus dem Boden gestampft wurden.

Um den **Zauber** von Granada zu verspüren, sollte man etwas Zeit mitbringen und am besten einen Reisetermin außerhalb der touristischen Hochsaison wählen, das Auto abstellen und die Stadt zu Fuß erkunden. Als erstes empfiehlt es sich, den Hügel des Viertels Albaicín zu erklimmen. Die alte maurische *Medina* ist noch nicht überall auf Hochglanz gebracht worden, von vielen Häusern bröckelt der Putz. Scheinbar unbeeindruckt von den Fremden führen die Bewohner ihr Leben. Belohnt wird der Anstieg durch die engen Gassen mit einem fantastischen Blick auf die **Alhambra**. Majestätisch breiten sich der maurische Palast und die traumhafte Gartenanlage des **Generalife** auf dem Asabika-Hügel aus. Im Hintergrund türmen sich die schneebedeckten Hügel der *Sierra Nevada* auf. Ein unvergesslicher Anblick! Der viel zitierte Spruch »Es gibt kein größer Leid auf Erden, als in Granada blind zu sein«, hat seine Gültigkeit nicht verloren.

Geschichte Granada geht auf eine iberische Ansiedlung zurück. Ins Licht der Geschichte rückte die Stadt jedoch erst

◁ *Der Löwenhof, Inbegriff des morgenländischen Zaubers der Alhambra*

unter **islamischer Herrschaft**. Nach dem Zerfall des Kalifats von Córdoba (1031) erhoben die Ziriden Granada zum Sitz eines *Taifa*-Reichs. Im Jahr 1090 wurden sie von den Almoraviden entmachtet, denen es gelungen war, die Vorherrschaft in Al-Andalus an sich zu reißen. Mitte des 12. Jh. wurden sie ihrerseits durch die berberischen Almohaden von der Macht verdrängt. Diese Dynastie geriet im 13. Jh. durch die Vorstöße der christlichen Truppen immer mehr in Bedrängnis. 1236 fiel die ehem. Kalifenstadt Córdoba in die Hände der Christen. Der Nasride Ibn al Ahmar nutzte die Gunst der Stunde und gründete 1238 das **Königreich Granada**.

Von Anfang an unterstellten sich die Nasriden der Krone von Kastilien als **Vasallen**, d. h. sie sicherten sich gegen Tribute und Waffenhilfe den Frieden. An der Seite der Christen beteiligten sie sich, gegen ihre eigenen Glaubensbrüder, an der Eroberung von Sevilla 1247. Wohl nur dank der geschickten Diplomatie der Nasridenherrscher konnte sich das kleine Königreich Granada bis 1492 halten. In dieser Zeit erlebte die Stadt Granada eine **einzigartige Blüte**, deren kostbarste Hinterlassenschaft die Palastanlage der Nasriden, die *Alhambra*, bildet. Die Vereinigung von Kastilien und Aragón, deren

Oben: *Zart und mächtig zugleich erhebt sich die märchenhafte Alhambra vor den Bergen der Sierra Nevada*

Unten: *Der Renaissance-Palast Karls V. in der Alhambra vermittelt einsame Größe*

Grundstein mit der Heirat von Königin Isabella und Infant Ferdinand II. 1469 gelegt wurde, schuf eine neue Einheit im christlichen Lager. Nach einem elfjährigen Feldzug waren die **Katholischen Könige** am Ziel ihrer Wünsche angelangt. 1492 übergab ihnen der letzte Nasridenkönig Boabdil kampflos die belagerte Stadt.

Die in Granada verbliebenen Mauren wurden zunächst entgegen den Kapitulationsvereinbarungen vor die Wahl gestellt, die christliche Religion anzunehmen oder das Land zu verlassen. 1609 erließ Philipp II. dann das Vertreibungsedikt für **Morisken** (zwangsbekehrte Mauren), die meist als Handwerker und Bauern tätig waren. Granada verlor einen großen Teil seiner Bewohner und wurde in seiner Entwicklung weit zurückgeworfen.

TOP TIPP Alhambra 1

Die **Eintrittskarten** zur Alhambra (März–Okt. tgl. 8.30–20, Nov.–Febr. bis 18 Uhr; Abendöffnung März–Okt. Di–Sa 21.30–22.30, Nov.–Febr. Fr/Sa 20–21.30 Uhr) müssen spätestens einen Tag im Voraus reserviert werden. Auf ihnen ist die individuelle Einlasszeit für den Nasridenpalast vermerkt. **Vorbestellungen** erfolgen im Internet unter www.alhambratickets.com oder www.alhambra.org oder bei *Banco Bilbao Vizcaya Argentaria* (BBVA), aus dem Ausland Tel. 00 34/915 37 91 78, in Spanien Tel. 902 22 44 60. Die Karten können am Tag der Besichtigung am Patronatsschalter vor der Alhambra abgeholt werden. Falls verfügbar gibt es Tickets **vor Ort** am Alhambra Eingangspavillon, bei der Gartenanlage Generalife oder im Stadtzentrum bei der BBVA-Bank (Plaza de la Isabel la Católica).

Majestätisch dehnt sich die maurische **Palastanlage** auf dem Asabika-Hügel vor dem Hintergrund der schneebedeckten Gipfel der *Sierra Nevada* aus. Ihr Name *Kala al hambra*, **Rote Burg**, geht auf die rötliche Farbe ihrer Mauern und Türme zurück. Mit der Alhambra wurde ein arabisches Märchen wahr, ihr Bau Mitte des 13. Jh. markiert einen unvergleichlichen Höhepunkt islamischer Baukunst. Rund 250 Jahre residierten die Nasridenkönige auf der *Alhambra*, bis sie der letzte maurische König Boabdil kampflos den Katholischen Königen übergab. Dank seiner damals unpopulären Einsicht in die Ausweglosigkeit eines Kampfes gegen die christliche Übermacht blieb der Palast unversehrt erhalten.

Die **Puerta de la Justicia [A]**, das Tor der Gerechtigkeit, führt ins Innere der von Mauern umgebenen Palaststadt der *Alhambra*. Es wird vermutet, dass vor dem Tor in alten Zeiten Gerichtsurteile verkündet und vollstreckt wurden. In der Mitte des Hufeisenbogens ist eine Hand zu sehen, die die fünf Grundpfeiler des Islam symbolisiert. Der Schlüssel im zweiten Torbogen steht für den Eintritt ins Paradies, ein immer wieder anzutreffendes Symbol der Nasriden.

Die **Puerta del Vino [B]** (Weintor) stellt die Verbindung zur **Alcazaba [C]**, dem Festungbereich im Westen, dar. Sie wurde 1238 von Ibn al Ahmar auf den Fundamenten eines Vorgängerbaus der Ziriden errichtet. Im Innern sind noch die Grundrisse von Soldatenquartieren zu erkennen. Vom *Torre de la Vela* hat man einen herrlichen Blick auf Granada und seine fruchtbare Ebene, die *Vega*.

Der Weg zum Nasridenpalast führt vorbei am Palast von Karl V., dem **Palacio Carlos V. [D]**, dem ein Teil der alten *Alhambra* zum Opfer fiel. Der in Italien geschulte Baumeister Pedro Machuca entwickelte 1526 die Pläne für den wuchtigen Renaissancebau. Der Kontrast zu der filigranen Bauweise der *Alhambra* könnte nicht größer sein. Heute beherbergt der Palast von Karl V. das neu gestaltete **Museo de la Alhambra** (Di–Sa 9–14 Uhr, So/Mo/Fei geschl.), das einen guten Einblick in die maurische Kultur vermittelt, sowie das **Museo de las Bellas Artes** (wg. Restaurierung geschl.).

Der sich im Norden und Osten anschließende Komplex des **Königspalastes der Nasriden [E–O]** wurde unter den Herrschern Jusuf I. (1333–54) und Mohammed V. (1354–91) erbaut. Nach maurischer Tradition konzentriert sich die ganze Prachtentfaltung im Inneren der Anlage. Schwerelos wirkt die filigrane Ausgestaltung mit Stuckarabesken, Holz und Keramik. Die einzelnen Paläste sind um Innenhöfe herum angeordnet. In einem Moment der Stille, während einer Besichtigung wohl eher selten zu erleben, ist nur das Plätschern der Brunnen zu vernehmen. Wasser steht symbolisch für Reichtum und Wohlstand, fördert aber auch den Gleichklang der Seele.

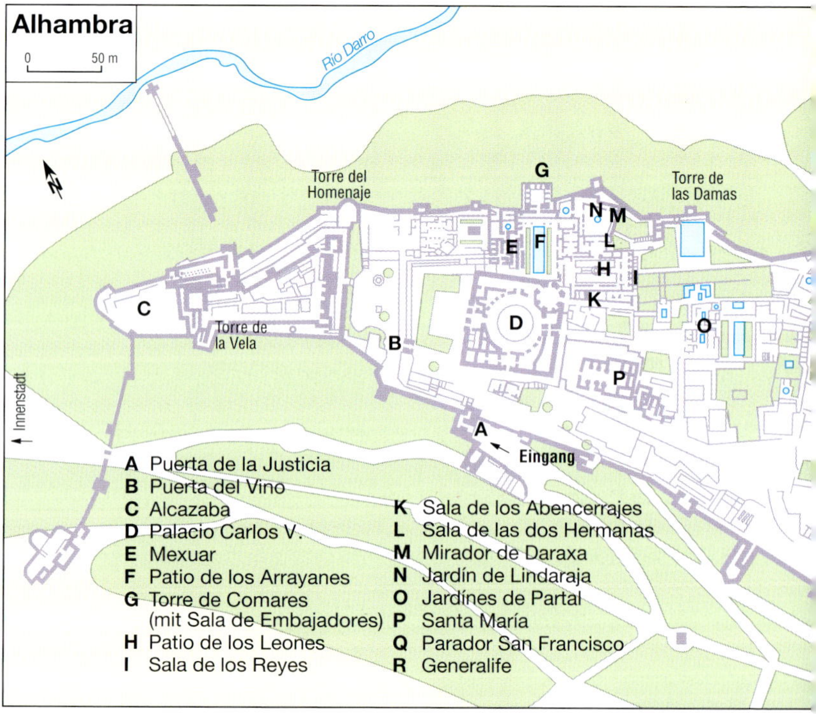

Kühle Eleganz – das Wasserbecken des Patio de los Arrayanes mit Torre de Comares

Zunächst betritt man den **Mexuar [E]**, den Empfangs- und Gerichtssaal der Nasridenherrscher. Im Hintergrund ist ein kleines Oratorium zu sehen, in dem die Richter Allah um Beistand für die Urteilsfindung baten. Nach der *Reconquista* wurde der *Mexuar* in eine christliche Kapelle umgewandelt. Der sich anschließende Innenhof, *Patio del Mexuar*, bezaubert durch die herrlich mit *Azulejos* und filigranen Stuckarabesken verzierte Südfassade. Das linke Tor führt in den benachbarten **Patio de los Arrayanes [F]**, den Myrtenhof, das eigentliche Kernstück der unter Jusuf I. entstandenen Palastanlage. Traumhaft spiegelt sich die Fassade des **Torre de Comares [G]** in dem lang gestreckten Wasserbecken, das von immergrünen, duftenden Myrtenhecken gesäumt wird.

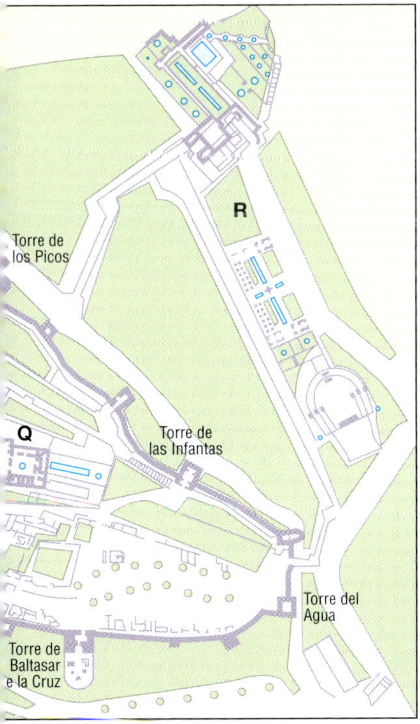

Auf dem Weg zur **Sala de Embajadores**, dem Thron- oder Botschaftersaal im Comares-Turm, passiert man die *Sala de la Barca*. Sie diente wahrscheinlich als Vor- oder Warteraum für die Gesandten. Einzigartig ist die Prachtentfaltung im Thronsaal selbst. Die Wände sind oberhalb des Kachelsockels übersät mit herrlichen floralen und geometrischen Arabesken. Stellenweise kann man noch die ursprüngliche farbige Gestaltung ausmachen. In den Nischen, die immer wieder neue Ausblicke auf Granada eröffnen, saßen die Ratgeber des Sultans. Der Herrscher selbst nahm den mittleren Platz der Stirnseite ein. Die Gesandten standen im Raum, geblendet von der Sonne und dem Glanz des Thronsaals. Gekrönt wird der Saal von einer fantastischen *Zedernholzkuppel*. Sie setzt sich aus über 8000 einzelnen Holzteilchen zusammen. Kreisförmig angelegte Sternenbahnen repräsentieren die sieben Himmel des Islam.

Zurück über den Myrtenhof kommt man in den bekanntesten Teil der *Alhambra*, den **Patio de los Leones [H]** oder Löwenhof. Der Herrscher Mohammed V. schuf sich hier sein ›ganz privates Königreich‹ mit Harem. Zugang hatten außer ihm nur seine Frauen, Konkubinen und Kinder. 124 grazile Säulen, die sich wie Palmen auffächern, bilden einen traumhaften Arkadenumgang. In der Mitte des Hofs steht der namengebende Brunnen, der von zwölf wasserspeienden Löwenfiguren getragen wird.

Im Osten schließt sich die **Sala de los Reyes [I]** (Saal der Könige) an. Über dem mittleren Alkoven, wohl das Schlafgemach des Sultans, ist ein auf Leder gespanntes Deckengemälde (15. Jh.) zu sehen. Thema ist eine fiktive Versammlung der ersten zehn Nasridenkönige.

Die Südseite des Löwenhofes öffnet sich zur **Sala de los Abencerrajes [K]**. Über dem Raum schwebt eine herrliche sternförmige Stalaktitenkuppel, die sich in einem Marmorbrunnen widerspiegelt. Die Bezeichnung des Saales geht auf eine blutige Legende zurück. Nach ihr sollen hier 36 Angehörige aus dem Fürstengeschlecht der Abencerrajes grausam niedergemetzelt worden sein.

Blütenpracht – die Gärten des Generalife sind zum Lustwandeln wie geschaffen

Auf der nördlichen Seite des Löwenhofs befindet sich die **Sala de las dos Hermanas [L]** (Saal der zwei Schwestern). Zwei große, fast identische Marmorplatten auf dem Fußboden gaben dem Raum den Namen. Einzigartig ist das Licht- und Schattenspiel der Kuppel, die einen 16-zackigen Stern bildet.

An den Saal grenzt der **Mirador de Daraxa [M]**. Von dem Erker boten sich einst grandiose Ausblicke auf die Stadt. Aufgrund der Anbauten von Karl V. bleibt heute nur noch der Blick auf den begrünten Hof, den *Jardín de Lindaraja*. In den Räumen von Karl V. schlug der Schriftsteller Washington Irving für mehrere Monate sein Domizil auf. Hier schrieb er seine wunderbaren, 1829 veröffentlichten ›Erzählungen von der Alhambra‹. Ein paar Stufen führen zum nördlich gelegenen **Jardín de Lindaraja [N]**, wo auch die *arabischen Bäder* aus der Zeit Jusufs I. liegen. Durch die Gartenanlage **Jardínes de Partal [O]** im Osten, mit Blick auf die *Torre de las Damas*, verlässt man den Bereich des Nasridenpalastes.

Der Weg zum *Generalife* mit dem Sommerpalast führt an der Kirche **Santa María [P]** vorbei, wo sich früher die Moschee der *Alhambra* befand. Links vom Eingang zum Generalife liegt das ehem. Franziskanerkloster, heute ist es als **Parador San Francisco [Q]** eines der schönsten Hotels in historischem Ambiente [s. u.].

Der Name der bezaubernden Gartenanlage **Generalife [R]** bedeutet ›Garten des Architekten‹, womit wohl der Schöpfer Allah gemeint ist. Im obersten Bereich liegt die nasridische Sommerresidenz (14. Jh.) mit ihren zauberhaften Wasserspielen. Der Musiker Manuel de Falla (1876–1946) ließ sich hier zu einigen seiner schönsten Kompositionen inspirieren. Nicht weit von der Alhambra entfernt ist ihm in der Antequeruela Alta das **Museo Manuel de Falla** (www.manueldefalla.org, Di–Sa 10–14 Uhr) gewidmet.

Albaicín

Das Stadtviertel Albaicín im Nordosten gleicht noch heute mit seinem labyrinthischen **Gassengewirr** einer arabischen *Medina*. Falls man die Orientierung verliert, führt der Weg bergab ins Darro-Tal zurück in die Altstadt. Der Albaicín ist seit einigen Jahren wieder als Wohnviertel gefragt, auch wenn vor dem Einzug

Leicht fühlt sich der Gast im Mirador de Daraxa in die Zeit der Kalifen versetzt

erst einmal gründlich renoviert werden muss. Und doch ist der Albaicín, abgesehen von den wohlhabenden Besitzern der *Carmenes* – großzügige Anwesen mit schönen Gartenanlagen – kein Viertel der Reichen. Um das Leben der Bewohner etwas zu studieren, begibt man sich am besten auf die umtriebige **Plaza Larga** 2. Hier wird jeden Morgen Markt abgehalten, in den Bars ringsum trifft man sich zum *Tapas*-Essen.

Durch die *Puerta de los Pesos*, Teil der ehem. Stadtmauern, gelangt man TOP TIPP zum **Mirador de San Nicolás** 3. Hier gerät man bei dem herrlichen Panoramablick auf die *Alhambra* unwillkürlich ins Schwärmen. In unmittelbarer Nähe liegt die neue *Moschee* von Granada. Ihr Hof ist offen und durch ein Gitter kann man einen Blick ins Innere werfen.

Etwas weiter östlich lädt an den Hängen des Sacromonte-Hügels im Barranco de los Negros das engagierte **Centro de Interpretación del Sacromonte** ④ (Tel. 958 21 51 20, www.sacromontegranada.com, im Winter Di–So 10–14 und 16–19 Uhr, im Sommer Di–So 10–14 und 17–21 Uhr) ein, die Geschichte des Hügels und die Entstehung seiner berühmten Wohnhöhlen mitsamt historischer Ausstattung genauer kennenzulernen.

Schlendert man von den Hängen des Sacromonte bzw. des Albaicín durch die malerischen Gassen hinab ins Tal, stößt man in der Carrera del Darro auf einen früheren Adelspalast, die Casa Castril. Heute beherbergt sie das Archäologische Museum, **Museo Arqueológico** ⑤ (Di 15–20, Mi–Sa 9–20, So 9–14 Uhr), das einige interessante Exponate aus maurischer Zeit zeigt. Ein paar Häuser weiter liegt das **Bañuelo** ⑥ (Di–Sa 10–14 Uhr), eine hervorragend erhaltene arabische Badeanlage aus dem 11. Jh.

Die Straße endet im Süden auf der Plaza Nueva. Hier steht die kleine Kirche **Santa Ana** ⑦ mit ihrem hübschen, gekachelten Kirchturm. Das repäsentative Gebäude zur Rechten war früher die **Real Cancillería** ⑧, die Königliche Kanzlei. Heute hat darin der Gerichtshof von Granada seinen Platz gefunden. Weite Teile der Altstadt sind übrigens für Privatautos gesperrt bzw. der Verkehr ist stark beschränkt, was vor allem für Hotelgäste teils erhebliche Anfahrt- und Parkplatzprobleme mit sich bringt.

Wer noch nicht wieder in die Hektik der Unterstadt eintauchen möchte, erreicht über die Calle Elvira die **Calderería Nueva** ⑨, die Geschäftsgasse des unteren Albaicíns. Dort locken orientalisch eingerichtete Teestuben zu einem Besuch und Bäckereien bieten leckere arabische Süßigkeiten an.

Unterstadt

Ein Rundgang beginnt mit der Besichtigung der **Capilla Real** ⑩ (www.capillarealgranada.com, im Winter tgl. 10.30–13 und 15.30–18 Uhr, im Sommer tgl. 10.30–13 und 16–19 Uhr, So erst ab 11 Uhr). Die Katholischen Könige ließen die Königliche Kapelle als ihre Grabstätte errichten. Mit der Bauleitung beauftragten sie 1504 den flämischen Architekten Enrique de Egas. Die Grablege wurde erst nach dem Tod des Königspaares fertig gestellt, ihre Leichname 1521 von dem Franziskanerkloster auf der *Alhambra* in die *Capilla Real* überführt.

Der Zugang zur Königlichen Kapelle führt heute durch die **ehem. Börse**. Der ursprüngliche Haupteingang, ein Paradebeispiel für die spanische Spätgotik, liegt in der Kathedrale [s. S. 51], die unmittelbar an die *Capilla Real* angebaut wurde. Das Kirchenschiff wird durch ein kunstvoll gearbeitetes schmiedeeisernes Gitter des Meisters Bartolomé de Jaén (1520) vom Altar- und Grabraum getrennt. Der italienische Künstler Dome-

Ob Salbei oder Oregano, vor der Kathedrale gibt es heilsame Kräuter frisch zu kaufen

Wer das Tor der Alcaicería durchschreitet, hofft nach wie vor auf gute Geschäfte

Unübersehbar weist die Kuppel Gläubigen und Besuchern den Weg zur Kathedrale

nico Fancelli schuf das kunstvoll gearbeitete **Marmorgrabmal** der Katholischen Könige (1517). Links daneben befindet sich die Sarkophage ihrer Tochter, Johanna der Wahnsinnigen, und deren Gemahls, Philipp des Schönen.

Der geschnitzte **Hochaltar** (16. Jh.) des Bildhauers Felipe de Bigarny berichtet ein interessantes Stück Zeitgeschichte, denn im unteren Bereich ist die Einnahme von Granada und die Zwangsbekehrung der Mauren dargestellt. In der **Sakristei** wird die erlesene Gemäldesammlung der Königin Isabella präsentiert. In einer Vitrine sind die Insignien der königlichen Macht zu sehen, darunter die erstaunlich schlichte Krone Isabellas und das Schwert ihres Gemahls.

Genau neben der *Capilla Real* befindet sich die **Catedral Santa María de la Encarnación** 11 (Mo–Sa 10.45–13.30 und 16–19, Juli/Aug. 10–13.30 und 16–20, So/Fei 16–19 Uhr), die über die Gran Vía de Colón zugänglich ist. Sie wurde 1523 als Zeichen des Triumphes über die ›Ungläubigen‹ an der Stelle der ehem. Hauptmoschee errichtet. Fast 200 Jahre vergingen bis zur Vollendung der **größten Renaissancekathedrale** Spaniens. Zunächst wurde mit dem Bau nach den Plänen von Enrique de Egas im spätgotischen Stil begonnen. Sein Nachfolger Diego de Siloé setzte die Arbeiten im Renaissancestil fort, auf der Basis des gotischen Grundrisses eines fünfschiffigen Gotteshauses mit doppeltem Chorumgang.

Das Glanzstück der imposanten Kathedrale ist die halbrunde **Capilla Mayor** von Diego de Siloé, die von einer 45 m hohen Kuppel überwölbt wird. Der Blick auf den prachtvollen Hochaltar ist frei, da das Chorgestühl, in Spanien traditionsgemäß im Mittelschiff, 1929 entfernt wurde. Bemerkenswert ist zwischen den Säulen der *Gemäldezyklus* zum Marienleben von Alonso Cano. Der granadiner Künstler war auch ein begnadeter Bildhauer. In der Sakristei ist eine seiner anmutigen, kleinen Marienstatuen ausgestellt. In den zahlreichen Seitenkapellen und der **Schatzkammer** finden sich Werke bedeutender spanischer Künstler wie z. B. José de Ribera, Martínez Montañés, José Risueño und El Greco.

Schräg gegenüber der *Capilla Real*, an der Stelle des Alten Rathauses, des **Ayuntamiento Viejo** 12 mit seiner barocken Fassade, befand sich die islamische

Seit 450 Jahren betreten Wissensdurstige durch dieses Portal die Alte Universität

Hochschule der Nasriden. Von dieser *Medrese* aus dem 14. Jh. ist nur noch der eindrucksvolle, hervorragend konservierte Gebetsraum erhalten geblieben, der vom Innenhof aus zu sehen ist.

In der Calle de los Oficios führt ein Tor in die **Alcaicería** 13. In dem maurischen Basar wurden einst die viel gerühmten Seidenstoffe Granadas gehandelt. 1843 zerstörte eine Feuersbrunst den Basar. Originalgetreu wieder aufgebaut, ist noch immer etwas von der orientalischen Atmosphäre eines Souk zu verspüren.

Jenseits der Calle Reyes Católicos führt ein eindrucksvolles maurisches Portal in die einzige erhaltene **Karawanserei** Spaniens. Sie diente durchreisenden Händlern als Unterkunft und Warenlager. Später wurde das Gebäude den Holzkohlebrennern überlassen, daher der heutige Name **Corral de Carbón** 14 (Carbón = Kohle, Mo–Fr 10.30–13.30 und 17–20, Sa 10.30–14 Uhr).

Dreh- und Angelpunkt der Unterstadt ist die **Plaza Bib-Rambla** 15 mit ihren Straßencafés und Blumenständen. Das Zentrum des belebten Platzes bildet ein schöner Neptun-Brunnen. Der Name *Bib-Rambla* geht auf ein maurisches Stadttor zurück, das am Ufer des heute in diesem Bereich unterirdisch geführten Flusses Darro lag.

Universitätsviertel

Granada ist heute Spaniens drittgrößte Universitätsstadt. 1526 von Karl V. gegründet, zog die Hochschule im 18. Jh. in das Gebäude des früheren Jesuitenkollegs an der Plaza de la Universidad. In dieser Alten Universität, der **Universidad Vieja** 16, ist heute die juristische Fakultät untergebracht.

Das Rektorat fand nördlich der Plaza del Triunfo einen repräsentativen Sitz im **Hospital Real** 17. Ursprünglich wurde das Gebäude im 16. Jh. dank einer Stiftung der Katholischen Könige als Krankenhaus erbaut.

In der Nähe der Alten Universität liegt in der Calle Gran Capitán das 1492 gegründete Kloster **Monasterio de San Jerónimo** 18 (tgl. 10–13.30 und 15–18.30, April–Okt. 10–13.30 und 16–19 Uhr). Das Kloster wird noch von einigen Nonnen bewohnt. Im Eingangsbereich bieten sie leckere selbst gemachte Marmelade und Plätzchen zum Verkauf an. Die prachtvolle **Klosterkirche** wurde vom Renaissancebaumeister Diego de Siloé entworfen. Sie ist die letzte Ruhestätte des großen Feldherrn der Katholischen Könige, Don Gonzalo Fernández de Córdoba, genannt *El Gran Capitán*.

Nicht weit davon entfernt befindet sich die barocke Klosterkirche **San Juan de Dios** 19, die dem in der Kirche beigesetzten Ordensgründer der Barmherzigen Brüder geweiht ist. Der Orden sah seine Hauptaufgabe in den Werken der Barmherzigkeit. Zu diesem Zweck wurde 1552 das benachbarte Hospital *San Juan de Dios* gegründet.

Monasterio de la Cartuja 20 (Mo–Sa 10–13 und 15.30–18, So 10–12, April–Okt. Mo–Sa 10–13 und 16–20 Uhr), das Kartäuserkloster von Granada, liegt am nördlichen Stadtrand. Der Bau des Klosters 1506 geht auf eine Stiftung des Feldherrn der Katholischen Könige, Don Gonzalo Fernández de Córdoba, zurück. Von der Anlage sind noch der *Kreuzgang* aus dem 16. Jh. sowie die *Klosterkirche* und die *Sakristei* erhalten. Sie gelten als Musterbeispiel für den Churrigeresken-Stil, den spanischen Spätbarock. Die einschiffige Kirche ist unterteilt in Bereiche für Mönche und für Laienbrüder. Der verschwenderische Stuckdekor der Kirche wird in der Sakristei noch um ein Vielfaches übertroffen. Die Anlehnung an die *Alhambra* ist deutlich zu spüren. Der Kontrast könnte jedoch nicht größer sein zwischen dem harmonischen, filigranen Stuckdekor der Alhambra und der unruhig wirkenden, opulenten Ausstattung des Kartäuserklosters.

Mit einem Kontrastprogramm zu altehrwürdigem Mauerwerk wartet der Süden der Stadt auf: In der Avd. Mediterráno erstreckt sich auf einer Fläche von 30 000 m² der **Parque de las Ciencias** 21 (www.parqueciencias.com, Di–Sa 10–19, So 10–15 Uhr), ein interaktives Wissenschaftszentrum, in dem Naturgesetze wie Schall oder Schwerkraft interaktiv erfahrbar werden. Auch ein Schmetterlingshaus und eine Sternwarte laden hier zu Entdeckungen ein.

Der Parador San Francisco nahe der Alhambra ist immer ausgebucht

i Praktische Hinweise

Information

Oficinas de Turismo des Granada, c/ Santa Ana, 4, Granada, Tel. 958 57 52 02, Fax 958 57 52 03. – Pl Mariana Pineda, 10, Granada, Tel. 958 24 71 46, www.turgranada.es

Die **Granada City Card** bietet sieben Tage lang vergünstigten Eintritt in zahlreiche Museen (u. a. Alhambra) und mehrere Bus-Freifahrten. Information zu **Bono Turístico Granada** bei der Caja Granada, Tel. 902 10 00 95, www.caja-granada.es.

Flughafen

Aeropuerto de Granada (GRX), Ctra. de Malaga, Granada, Tel. 958 24 52 00

Flamenco

Die Flamencoshows auf dem Sacramonte, dem Hügel im Nordosten von Granada, sind meist Touristenspektakel. Guten, hausgemachten Flamenco gibt es in der **Peña la Plateréa**, Placeta de Toqueros, 7, Tel. 958 22 77 12.

Hotels

******AC-Palacio de Santa Paula**, Gran Vía de Colón, 31, Granada, Tel. 958 80 57 40, Fax 958 80 57 41, www.ac-hotels.com. Hotel in einem ehemaligen Kloster. Der Kreuzgang ist eine Oase der Ruhe, die Einrichtung kombiniert gekonnt modernes Design und Antiqitäten.

TOP TIPP ****__Parador San Francisco__, Real de la Alhambra, s/n, Granada, Tel. 958 22 14 40, Fax 958 22 22 64, www.paradores.de. Im ehem. Franziskanerkloster der *Alhambra* untergebracht. Einzigartige Lage, wunderschön ausgestattete Zimmer. Wer sich diesen Traum erfüllen möchte, sollte frühzeitig reser-

Andalusiens großer Poet

Federico García Lorca, geboren am 15. Juni 1899 in Fuentevaqueros bei Granada, schrieb sich durch Dichtungen, die seine Heimat und ihre Menschen besangen, ins **Herz der Andalusier**.

Nach 1931 stellte sich der Dichter, der **Patriot** und **Kosmopolit** gleichermaßen war, in den Dienst der Volksaufklärung und zog mit einer Wanderbühne durch die Dörfer. Aus dieser Zeit stammen auch seine Dramen, die überalterte Traditionen anprangern, wie ›Bluthochzeit‹, ›Bernarda Albas Haus‹ oder ›Yerma‹.

Mit dem Einzug General Francos in Granada begann auch die Verfolgung des Sozialisten Lorca. Am 19. August 1936 wurde er in Viznar bei Granada von Falangisten erschossen.

Im früheren Sommersitz der Familie Lorca erinnert heute die **Casa-Museo de Lorca** (c/ Virgen Blanca, s/n, Tel. 958 25 84 66, www.huertadesan vicente.com, Juli/Aug. Di–So 10–14.30 Uhr, Okt.–März Di–So 10–12.30 und 16–18.30 Uhr, April–Juni und Sept. 10–12.30 und 17–19 Uhr) anhand von originalen Einrichtungsgegenständen, Fotos und Manuskripten an den großen Schriftsteller.

vieren. Die schöne Caféterrasse ist ideal für eine Pause beim *Alhambra*-Besuch.

****Tryp Albayzin**, Carrera del Genil, 46–48, Granada, Tel. 958 22 00 02, Fax 958 22 01 81, www.trypalbayzin.solmelia.com. Ansprechendes Hotel mit schön eingerichteten Zimmern.

*****Casa Morisca**, Cuesta de la Victoria, 9, Granada, Tel. 958 22 11 00, Fax 958 21 57 96, www.hotelcasamorisca.com. Stilvolles kleines Hotel in einem Anwesen des 15. Jh. mit hübschem Innenhof im Albaicín.

*****Palacio de Santa Inés**, c/ Cuesta de Santa Inés, 9, Granada, Tel. 958 22 23 62, Fax 958 22 24 65, www.palaciosantaines.com. Kleines Hotel mit 13 Zimmern im Albaicín mit Traumblick auf die *Alhambra*. Keine direkte Autozufahrt.

****Reina Mora**, c/ Nueva de la Virgen, 40, Granada, Tel. 958 52 07 58, Fax 958 26 49 86, www. hotelreinamora.com. Kleines, preisgünstiges Hotel in zentraler Lage. Zimmer in den oberen Etagen verlangen.

***América**, Real de la Alhambra, 53, Granada, Tel. 958 22 74 71, Fax 958 22 74 70, www.hotelamericagranada.com. Kleines Hotel mit romantischem Patio auf dem *Alhambra*-Hügel. Kein Parkplatz!

Restaurants

Chikito, Plaza del Campillo, 9, Granada, Tel. 958 22 33 64. Rustikale Einrichtung, gut zubereitete regionale Gerichte (Mi geschl.).

La Bodega de Antonio, c/ Jardines, 4, Granada. Versteckte urige Bodega, nur wer früh kommt, hat Chancen auf einen Sitzplatz. Leckere, günstige Gerichte.

TOP TIPP **Mirador de Morayma**, Pianista Garcia Carillo, 2, Granada, Tel. 958 22 82 90. Stilvolles Restaurant im Albaicín. Großartige hispano-arabische Küche (So abends geschl.).

Pilar del Toro, c/ Hospital de Santa Ana, 12, Granada, Tel. 958 22 54 70. Gepflegtes Restaurant mit Bar und Innenhof. Andalusische Küche.

Bar

TOP TIPP **Bodega Castañeda**, c/ Elvira, 5, Granada, Tel. 958 22 63 62. Eine der urigsten Kneipen von Granada. Von der Decke hängen die Schinken herab, der Wein fließt in Strömen und kommt direkt aus den Fässern.

18 Salobreña

Beliebter Ferienort der Granadiner.

Die gut ausgebaute Nationalstraße N 323 führt von Granada zur Mittelmeerküste, vorbei an der Anhöhe *Puerto del Suspiro del Moro* (›Seufzer des Mauren‹, 860 m ü. d. M.). Nach der Überlieferung blickte an dieser Stelle der letzte maurische König Boabdil noch einmal seufzend mit Tränen in den Augen zurück auf sein Königreich Granada. Daraufhin sprach seine Mutter Aischa die bitteren Worten: »Beweine nicht wie ein Weib, was du als Mann nicht verteidigen wolltest.«

Eine Ferienwohnung am beliebten Strand von Salobreña ist der Stolz vieler Granadiner

Heute liegen in der Marina von Almuñécar keine Fischkutter mehr vor Anker

Salobreña (11 000 Einw.) bezaubert durch seine traumhafte Lage auf einem Felsen, die es unmöglich machte, die kleine Stadt am Meer durch Hotelburgen zu verschandeln. Landwärts erstreckt sich eine fruchtbaren Ebene, auf der in erster Linie Zuckerrohr angebaut wird, das einst die Araber eingeführten.

Mit großen Sehenswürdigkeiten kann der Ort nicht aufwarten, dennoch lohnt es sich, ein bisschen zu verweilen. Am auffälligsten ist das **Castillo** hoch über der Stadt. Der Aufstieg ist zwar etwas mühsam, wird aber belohnt durch eine herrliche Aussicht auf das Meer. Bei klarer Sicht sind sogar die schneebedeckten Gipfel der *Sierra Nevada* auszumachen. Das Kastell zählte zu den letzten Bastionen des Nasridenreiches von Granada. Erst 1489 gelang es den Katholischen Königen, Salobreña einzunehmen.

Der Weg zur Küste führt durch gepflegte, blumengeschmückte Gassen, vorbei an der Hauptkirche **Nuestra Señora del Rosario** mit einem schönen Kachel verzierten Seitenportal zum Rathausplatz. Von hier aus geht eine Treppe hinab zum Markt. Bis zum **Kiesstrand** läuft man dann noch gut zehn Minuten. Salobreña wird bislang hauptsächlich von Granadinern als *Badeort* frequentiert.

i Praktische Hinweise

Information

Oficina de Turismo, Plaza de Goya, s/n, Salobreña, Tel./Fax 958 61 03 14, www.ayto-salobrena.org

Hotels

*****Salobreña**, Ctra. N 340, km 323, Salobreña, Tel. 958 61 02 61, Fax 958 61 01 01, www.hotelsalobrena.com. Größtes Hotel oberhalb der Bucht von Salobreña, Pool mit Liegewiese.

***Pension Mary Tere**, Fábrica Nueva, 7, Salobreña, Tel. 958 61 01 26, www.hostalmarytere.com. Zentral gelegene, angenehme Pension.

Restaurant

TOP TIPP **El Peñon**, Playa del Peñon, Salobreña, Tel. 958 61 05 38. Gute Fisch- und Meeresfrüchtegerichte auf einem meerumgebenen Felsvorsprung. Köstlich ist auch der Tropische Salat (Mo geschl.).

19 Almuñécar

Besuchermagnet und westlichster Küstenort der Provinz Granada.

Almuñécar (23 000 Einw.) ist der **Hauptbadeort** der granadinischen Küste. Neben dem Tourismus stellt der Anbau von tropischen Früchten wie Avocados, Kakis, Bananen und Chirimoyas eine wichtige Erwerbsquelle dar. Vom Flair des einstigen Fischerortes ist nicht mehr viel übrig geblieben, es fallen zunächst die modernen Hotel- und Ferienwohnanlagen ins Auge. Glücklicherweise konnte sich der Ort eine nette kleine Altstadt mit verwinkelten Gassen und schönen Plätzen bewahren.

Almuñécar wurde von den Phöniziern als Handelsniederlassung gegründet. Aus römischer Zeit ist noch ein **Aquädukt** erhalten, das einst den Ort mit frischem Wasser aus dem gebirgigen Hinterland versorgte.

Schicksalhaft für die maurische Geschichte Spaniens war die Ankunft von Abd ar Rahman I. in Almuñécar im Jahr 755. Als letzter Überlebender der Omaijaden-Dynastie aus Syrien war es ihm gelungen, den Abbasiden zu entkommen, die der Herrschaft seiner Sippe ein gewaltsames Ende bereitet hatten. Abd ar Rahman scharte in Almuñécar seine Gefolgsleute um sich. In Córdoba errichtete er daraufhin ein unabhängiges Emirat und schuf damit die Grundlage für das spätere Kalifat von Córdoba.

Auf die Zeit der Mauren geht noch die Festung **Castillo de San Miguel** (Di–Sa 10.30–13.30 und 17–19.30, So 10.30–13.30 Uhr) zurück, die allerdings unter Karl V. sehr stark umgestaltet wurde und heute eine kleine archäologische Ausstellung mit Exponaten zur Geschichte Almuñécars zeigt.

i Praktische Hinweise

Information

Oficina de Turismo, Avda. de Europa/ Palacete de la Najarra, Almuñécar, Tel. 958 63 11 25, Fax 958 63 50 07, www.almunecar.info

Hotel

*****Helios Costa Tropical**, Paseo de las Flores, Almuñécar, Tel. 958 63 06 36, Fax 958 63 44 69, www.heliosalmunecar.com. Hotel mit modern eingerichteten Zimmern. Swimmingpool.

Restaurant

Jacquie Cotobro, c/ Paseo Cotobro, s/n, Playa de Cotobro, Tel. 958 63 18 02. Eines der gediegensten Restaurants am Platz, Gerichte mit französischem Einschlag.

20 Las Alpujarras

TOP TIPP *Raue, wild romantische Berglandschaft und einst letztes Rückzugsgebiet der Mauren.*

Die *Alpujarras*, das südliche Vorgebirge der *Sierra Nevada* [Nr. 21], werden von tiefen Schluchten und glasklaren Gebirgsbächen durchzogen. In diese abgeschiedene, unwirtliche Gegend zogen sich die Mauren nach dem Fall von Granada [Nr. 17] 1492 zurück. Sie machten das Land urbar, indem sie das steile Gelände terrassierten und ein ausgetüfteltes **Bewässerungssystem** einrichteten. Aber entgegen den Kapitulationsvereinbarungen wurden die Morisken, die zwangsbekehrten Mauren, immer mehr in der Ausübung der ihnen zugesicherten Rechte beschränkt. Dies führte wiederholt zu Unruhen. Um die Aufstände endgültig niederzuringen, entsandte Philipp II. 1572 Truppen unter der Führung von Don Juan de Austria in die *Alpujarras*.

Mit dem **Ausweisungsedikt** von 1609 besiegelte Philipp II. das Schicksal der Morisken endgültig. Schätzungsweise 80 000 Menschen waren gezwungen, das Land zu verlassen. Den entvölkerten Landstrich besiedelten Christen aus den nördlichen Gebieten Spaniens. Sie waren jedoch nicht mit den ausgeklügelten Anbaumethoden der Mauren vertraut. So brach die einst blühende **Seidenindustrie** des Königreiches Granada vollständig zusammen. Stattdessen wurden weite Waldflächen gerodet, um Getreide anzubauen – wirtschaftlich und ökologisch ein gravierender Fehler.

An die maurische Präsenz erinnern noch heute die weißen kubischen Häuser der Dörfer in den *Alpujarras*, die mit ihren Flachdächern Siedlungen in Nordafrika ähneln. Auf den **Terrassen** werden heute Mandel-, Obst- und Olivenbäume, Gemüse und Weinreben angepflanzt. Allerdings liegen etliche Felder brach, denn viele der jungen *Alpujarreños* zogen auf der Suche nach einer anderen Arbeit fort. Heute ist für die *Alpujarras* der aufblühende, ländliche Tourismus ein Hoffnungsschimmer, um weitere Abwanderungen zu verhindern.

Lanjarón

Von Granada aus erreicht man die *Alpujarras*, indem man zunächst rund 40 km der gut ausgebauten N 323 nach Süden folgt und dann nach links abzweigt auf

Inmitten ihrer terrassierten Felder liegen die abgeschiedenen Dörfer der Alpujarras

die C 332 Richtung Orgiva. Lanjarón (4000 Einw.) ist der erste größere Ort der *Alpujarras*. Das kleine Städtchen ist einer der bekanntesten **Kurorte** Südspaniens. Seine Attraktivität verdankt es Heilquellen und guter Luft. In ganz Spanien wird das schmackhafte **Mineralwasser** aus Lanjarón geschätzt. Ferner stammt der wunderschöne rötliche Marmor, der viele Kirchen der Provinz ziert, aus dieser Region.

Orgiva

Zwei blau gekachelte Kirchtürme kündigen den Ort Orgiva an. Er ist für die Bewohner der westlichen *Alpujarras* das **Verwaltungszentrum** und wird auch häufig aufgesucht, wenn größere Einkäufe zu tätigen sind.

Barranco de Poqueira

Nach einer kurvenreichen Fahrt erreicht man ein bei Ausflüglern beliebtes Ziel, den Barranco de Poqueira, eine eindrucksvolle **Schlucht**. Mit ihren drei malerisch übereinander gelegenen Ortschaften bietet sie einen erhabenen Anblick.

Pampaneira, der untere Ort, hat sich mit seinen zahlreichen kleinen Restaurants und **Kunstgewerbegeschäften** gut auf die Besucher eingestellt. Bekannt wurde er auch durch Osel Hita Torres, ein 1985 geborenes Kind buddhistischer Eltern, das Gläubige als Reinkarnation des tibetanischen Lama Tuben Yeshe verehren. In der Nähe von Pampaneira befindet sich daher auch ein vom Dalai Lama eingeweihtes **buddhistisches Studienzentrum**.

Oberhalb des Ortes *Bubión* entstand die **Villa Túristica de Poqueira** (s. u.), ein wunderschön im Stil der *Alpujarra*-Dörfer errichtetes Hoteldorf, das sich als Ausgangspunkt für Wanderungen eignet.

Von dem am höchsten gelegenen Ort *Capileira* (1436 m) bietet eine **Aussichtsterrasse** einen fantastischen Panoramablick über das tief eingeschnittene Tal und zum zweithöchsten Gipfel der Sierra Nevada, den Veleta (3398 m).

Trevélez

Zurück auf der Hauptroute vorbei an den Ortschaften Pitres und Pórtugos führt der Weg nach Trevélez, das mit 1476 m der höchst gelegene Ort Spaniens ist. Berühmt ist Trevélez für seinen ausgezeichneten luftgetrockneten **Schinken**, eine wahre Delikatesse. Jedes Jahr im August ist der Ort Ausgangspunkt für die **Wall-**

In den Bars von Trevélez hängt der Himmel voller Schinken

fahrt zur ›Muttergottes des Schnees‹ auf den höchsten Berg der *Sierra Nevada*, den *Mulhacén* (3482 m).

Praktische Hinweise

Hotels

Der Kurort Lanjarón ist mit Hotels gut ausgestattet. In den übrigen Orten der *Alpujarras* gibt es vor allem kleinere Hotels, Pensionen und Apartments.

*****Miramar**, Avda. Andalucía, 10, Lanjarón, Tel./Fax 958 77 01 61, www.elhotelmiramar.com. Komfortables Mittelklassehotel oberhalb der Stadt.

TOP TIPP *****Villa Turística de Bubión**, Barrio Alto, Bubión, Tel. 958 76 39 09, Fax 958 76 39 05, www.villabubion.com. Das Hotel ist angelegt wie ein Dorf und passt sich so wunderbar in die Region ein. Die Küche bietet lokale Spezialitäten.

Nuevo Malagueño, Ctra. Trevélez, Pórtugos, Tel. 958 76 60 98, Fax 958 85 73 37, www.hotelalpujarra.com. Einfaches, familiär geführtes Hotel.

Restaurant

Casa Ibero, c/ Parra, 1, Capileira, Tel. 958 76 32 56. Einladendes Restaurant mit arabisch-andalusischer Küche, auch Vegetarisches steht auf der Speisekarte.

21 Parque Nacional Sierra Nevada

Südlichstes Schneeparadies Europas.

Windungsreich schlängelt sich die Gebirgsstraße von Granada über Pradollano in die Sierra Nevada – bis zum Schlagbaum in 2500 m Höhe. Auf der Strecke bieten sich herrliche Ausblicke auf die Gipfelkönige *Mulhacén* (3482 m) und *Veleta* (3398 m). Der Schotterweg in die *Alpujarras* nach Capileira wurde für den Verkehr gesperrt, als 1999 der Hauptkamm der Sierra Nevada zum Nationalpark erklärt wurde.

Kühle Erfrischung verheißen die schneebedeckten Gipfel der Sierra Nevada

Herrlich anzuschauen ist die imposante barocke Catedral von Guadix

Das in ca. 1700 m Höhe gelegene Skidorf **Pradollano** wurde in den 1970er-Jahren aus dem Boden gestampft und anlässlich der Skiweltmeisterschaften 1996 beachtlich erweitert. Auf den Pisten kommen Skifans von Dezember bis Ende Mai auf ihre Kosten.

i Praktische Hinweise

Information

Oficina de Información, Plaza de Andalucía, s/n, Pradollano, Tel. 958 24 91 00, nur in der Skisaison

Hotel

****Meliá Sierra Nevada**, Plaza de Pradollano, s/n, Sierra Nevada, Tel. 958 48 04 00, Fax 958 48 12 04, www.solmelia.com. Komfortables Hotel mit beheiztem Schwimmbad.

22 Guadix

Die Stadt weckt mit ihren Höhlenwohnungen die Neugier der Fremden.

Nur 60 km entfernt von Granada [Nr. 17] lässt sich Guadix bequem über die gut ausgebaute N 432 in Richtung Murcia erreichen. Unterwegs verführen die Töpferwaren des Ortes Purullena zu einem Zwischenstopp.

In Guadix weisen Schilder den Weg in das **Höhlenviertel**. Der Besucher hat die Möglichkeit, sich gegen ein kleines Entgelt eine der Höhlenwohnungen anzuschauen. Im Inneren erstaunt der Komfort der in den Tuffstein geschlagenen Wohnungen. Die moderne Zivilisation mit fließendem Wasser und Strom hat hier längst Einzug gehalten. Der Vorteil dieser mietfreien Wohnungen ist außerdem, dass sie sich bei Familienzuwachs ohne weiteres vergrößern lassen. Rund 6000 der gut 20 000 Einwohner von Guadix leben in Höhlenwohnungen.

Sehenswert sind in Guadix auch die **Catedral** mit ihrer eleganten geschwungenen barocken Fassade, das in maurischer Zeit errichtete **Castillo** sowie die majestätische **Plaza Mayor** aus der Zeit von Philipp II.

Lacalahorra

Fährt man weiter durch die lang gestreckte Hochebene von Guadix in Richtung Almería [Nr. 23], erblickt man schon von weitem das über dem gleichnamigen Ort thronende **Castillo Lacalahorra**. Heute ist die Burg aus dem 16. Jh. im Besitz des Duque de Infantado, einem der reichsten Männer Andalusiens.

i Praktische Hinweise

Unterkunft

****Cuevas Pedro Antonio de Alarcón**, Camino de San Torcuato, s/n, Guadix, Tel. 958 66 49 86, Fax 958 66 17 21. Originelle Apartments in Höhlen.

Almería und der Südosten – ein Stück Afrika in Europa

Die Stadt Almería und die gleichnamige Provinz werden oft etwas stiefmütterlich behandelt. Vielleicht, weil die südöstlichste Provinz Andalusiens nicht mit bekannten Sehenswürdigkeiten aufwarten kann. Dafür kann man hier teilweise noch fast unberührte Landstriche genießen. Um das felsige **Cabo de Gata** gibt es traumhaft ruhige Strandbuchten und verschlafene Fischerorte. Das wüstenartige Hinterland gleicht einer bizarren Mondszenerie, die eine ganz eigene Anziehungskraft ausübt. Eingebettet in diese Landschaft liegen das *Mini Hollywood* der **Sierra de Alhamilla** und ein großes *Versuchszentrum für Sonnenenergie*. Im Kontrast dazu steht die westliche Küste Almerías. Der Volksmund taufte sie *Costa del Plástico*, denn unter schier endlosen Plastikplanen wird in Treibhäusern Obst und Gemüse herangezogen. Hier sind auch die in den 1960er-Jahren entstandenen Touristenhochburgen wie Aguadulce oder Roquetas del Mar angesiedelt. Östlich davon erfreuen sich einstmals kleine **Fischerorte** wie Mojácar der Gunst der badefreudigen Besucher.

23 Almería

›Spiegel des Meeres‹ und Günstling der Sonne.

Die Provinzhauptstadt Almería (185 000 Einw.) liegt geschützt in der Bucht des Golfs von Almería, umgeben von den Gebirgszügen der *Sierra de Gador*, der *Sierra de Alhamilla* und der *Sierra de Cabo de Gata*. Die von der Sonne verwöhnte Stadt – 320 Tage strahlt sie über Almería – nutzt diese als Energiequelle. Nirgendwo sonst finden sich auf spanischen Dächern so viele **Sonnenkollektoren**. Dreh- und Angelpunkt der Wirtschaft ist für Almería immer schon der **Hafen** gewesen. Bereits die Römer erhoben ihn zum ›Portus Magnus‹, zum ›großen Hafen‹. Von hier wird Obst und Gemüse aus den umliegenden Treibhauskulturen in andere europäische Länder verschifft.

Geschichte Die Gegend um Almería war schon zu Urzeiten besiedelt, davon zeugt der wenige Kilometer von der Küste entfernte Ort **Los Millares**. Er entstand um 2500 v. Chr. und entwickelte sich zu einem bedeutenden Zentrum der Glockenbecherkultur. Später ließen sich in der Bucht von Almería nacheinander Phönizier, Griechen und phönizische Karthager nieder. Unter den Römern entwickelte sich der Ort zu einer bedeutenden Hafenstadt.

Seine eigentliche Blütezeit erlebte Almería unter dem Kalifat von Córdoba und später als unabhängiges *Taifa*-Reich (Teilkönigreich). Von dieser glanzvollen Zeit zeugt heute noch die hoch über Almería wachende **Alcazaba**. Auch der Name der Stadt leitet sich aus dem Arabischen ab und bedeutet soviel wie **›Spiegel des Meeres‹** (*Al-Miriya*). Im 13. Jh. wurde Almería dem Nasridenreich von Granada angeschlossen. 1489 musste El Zagal, ein Onkel des letzten Königs von Granada, den Katholischen Königen das Feld räumen. Schwer geprüft wurde die Stadt durch ein Erdbeben im Jahr 1522, das verheerende Schäden anrichtete.

Besichtigung Ein günstiger Ausgangspunkt für die Besichtigung ist die zentrale **Plaza de la Constitución** mit dem Rathaus. Der stimmungsvolle Platz wird von Arkadengängen gesäumt. Ein Torbogen öffnet sich zur Calle Almanzor, von der der Weg bergauf zum Kastell führt.

In schattigen Arkadengängen kann man rings um die Plaza de la Constitución bummeln

Alcazaba

Auf einer Höhe von rund 90 m thront die imposante *Alcazaba* (April–Okt. Di–So 9–20.30, Nov.–März Di–So 9–18.30 Uhr) über der Stadt. Zweifellos zählt sie zu den gewaltigsten Burganlagen Südspaniens. Die Festung konnte bis zu 20 000 Menschen Zuflucht bieten. Begonnen wurde mit der Errichtung des Kastells zur Zeit des Kalifats von Abd ar Rahman III. im 10. Jh. Almansur führte die Bauarbeiten fort, und *Taifa*-König Al Jairán schloss sie ab. Von der maurischen **Palastanlage** sind nur noch die Fundamente zu erkennen. Ursprünglich war die Burg umgeben von zwei zinnenbewehrten Mauerringen. Nach der Einnahme der Stadt 1489 fügten die Katholischen Könige einen inneren Mauerring hinzu, innerhalb dessen sie eine neue Festung erbauen ließen. Dieser Teil der Anlage fiel jedoch weitgehend dem Erdbeben von 1522 zum Opfer. Lange Zeit war das Kastell dem Verfall preisgegeben. Umfassende *Restaurierungsarbeiten* in den 1950er-Jahren gaben der Alcazaba das heutige Aussehen.

Auf dem benachbarten Hügel steht das **Castillo de San Cristóbal**, eine Tempelritterburg, die durch die Stadtmauer mit der Alcazaba verbunden ist.

La Chanca

Unterhalb des Burgberges breitet sich das ärmliche Viertel der Zigeuner, *La Chanca*, aus. Viele der *Gitanos* leben in **Höhlenwohnungen**. Bekannt wurden das Viertel und seine Bewohner über die Grenzen von Almería hinaus durch den Roman des Schriftstellers Juan de Goytisolo ›La Chanca‹.

In der Pfarrkirche **San Juan** wurden 1970 die Reste der Moschee entdeckt, die ehemals an dieser Stelle stand.

Noch heute vermitteln die mächtigen Mauern der Alcazaba den Eindruck von Stärke

Altstadt

Zurück in der Altstadt kann man sich zunächst der Einkaufsstraße **Calle de las Tiendas** zuwenden. Von dem Platz *Puerta de Purchena* gelangt man anschließend über die Rambla del Obispo Orberá zur palmengeschmückten **Rambla de Belén**, die schnurgerade zum Meer führt. Von der Puerta de Purchena zweigt ebenfalls in Richtung Hafen die belebte Geschäftsstraße **Paseo de Almería** ab.

Westlich des Paseo schließlich erhebt sich die **Catedral** (Mo–Fr 10–16.30, Sa 10–13 Uhr) von Almería. Wehrhaft wirkt das Gotteshaus mit seinen vier trutzigen Türmen, dem Zinnenkranz und den mächtigen Stützpfeilern. Mit der Catedral sollte tatsächlich eine *Wehrkirche* zum Schutz vor maurischen und türkischen Piratenüberfällen geschaffen werden. Der Kathedralbaumeister von Granada, Diego de Siloé, entwickelte 1524 die Pläne für das neue Gotteshaus. Im dreischiffigen Kirchenraum besticht vor allem das aus Nussbaumholz geschnitzte Chorgestühl von Juan de Orea (1558).

Nur wenige Schritte von der Catredral entfernt liegt der **Hafen**. Die Flaniermeile am Parque de Nicolás Salmerón und in ihrer Fortsetzung der Paseo Marítimo führen zu den mitten in der Stadt gelegenen Stränden Almerías.

Nordöstlich des Meers kommen Freunde Moderner Kunst im **Centro de Arte** (Plaza de Barcelona, s/n, Tel. 950 26 61 12, Mo 18–21, Di–Sa 11–14 und 18–21, So 11–14 Uhr) mit seinen monatlich wechselnden Ausstellungen zeitgenössischer Kunst auf ihre Kosten. Wenige Schritte weiter findet sich in der Carretera de Ronda 91 das 2006 mit neuem Ausstellungskonzept wiedereröffnete **Museo de Alméria** (Tel. 950 17 55 10, Di 14.30–20.30, Mi–Sa 9–20.30, So 9–14.30 Uhr), das anhand zahlreicher archäologischer Funde die Geschichte von Stadt und Umland lebendig werden lässt.

i Praktische Hinweise

Information

Oficina de Turismo, Parque de Nicolás Salmerón/Martínez Campos, s/n, Almería, Tel. 950 27 43 55, Fax 950 27 43 60

Hotels

****Gran Hotel Almería**, Avda. Reina Regente, 8, Almería, Tel. 950 23 80 11, Fax 950 27 06 91, www.granhotelalmeria.com. Eines der besten Hotel in Almería, beim Hafen.

***Costasol**, Paseo de Almería, 58, Almería, Tel./Fax 950 23 40 11, www.hotelcostasol.com. Angenehmes Hotel in zentraler Lage.

La Perla, Plaza del Carmen, 7, Almería, Tel. 950 23 88 77, Fax 950 27 58 16, www. githoteles.com. Zentrales Haus mit angeschlossenem Restaurant.

Restaurants

Bellavista, Urb. Bellavista, Llanos del Alquián, Almería, Tel. 950 29 71 56. Vorzügliche, gehobene Küche (Mo geschl.).

El Rincón de Juan Pedro, Plaza del Carmen, 3, Almería, Tel. 950 23 58 19. Gute Meeresfrüchte- und Fischgerichte (So/Mo abends geschl.).

La Gruta, Ctra. 340, km 436 (4 km westlich von Almería), Tel. 950 23 93 35. Restaurant in einer Grotte. Gute, bodenständige Küche (So geschl.).

24 Parque Natural Cabo de Gata

Schroffe Berge, einsame Strände und verschlafene Dörfer.

Wenige Kilometer östlich von Almería liegt die zerklüftete, archaisch anmutende **Berglandschaft** der *Sierra de Gata* mit dem eindrucksvollen gleichnamigen Felsenkap *Cabo de Gata*. Gemeinsam mit der Region um Níjar im Landesinneren wurde das Gebiet 1980 zum **Naturpark** erklärt, um die typische Flora und Fauna zu erhalten. Dazu zählt auch eine **Flamingo-Kolonie**, die in den Salinen der Küstenebene ihre Nester baut.

Wer Ruhe und unberührte Natur sucht, wird sich hier wohl fühlen. Am TOP TIPP **Cabo de Gata**, bei San José, gibt es noch traumhafte **Sandstrände**, beispielsweise die Playas von Mónsul, Los Genoveses oder Los Escullos, und Schnorchler und Taucher dürfen sich auf eine faszinierende Unterwasserwelt freuen. Ebenfalls auf ihre Art bezaubernd sind die beiden abgeschiedenen kleinen Fischerorte La Isleta und Las Negras, in denen allerdings nur einfache Unterkünfte zur Verfügung stehen. Dazwischen liegt die fast verlassene **Goldgräberstadt** Rodalquivir.

i Praktische Hinweise

Information

Officina de Información, c/ Correo, s/n, San José, Tel./Fax 950 38 02 99, www.cabodegata-nijar.com. Hier erhält man auch Infos zum Nationalpark und gutes Kartenmaterial.

25 Mojácar

Der am besten erschlossene Badeort der Ostküste Almerías.

Etwas weiter nördlich an der Ostküste liegt der Ort Mojácar. Das alte Zentrum, 2 km vom Meer entfernt, schmiegt sich malerisch an einen Hang. Mojácar ist bemüht für seine typisch **andalusische Atmosphäre**, trotz der mittlerweile zahlreichen Restaurants und Souvenirgeschäfte. Bis in die 1960er-Jahre galt Mojácar noch als Geheimtipp. Heute ist es die Stadt an der Ostküste von Almería, die am besten für den Tourismus erschlossen wurde. Am **Sandstrand** sind große Hotelkomplexe und Restaurants entstanden. Im Vergleich zur *Costa del Sol* hält sich der Trubel hier aber noch in Grenzen.

i Praktische Hinweise

Information

Oficina de Turismo, c/ Glorieta, 1, Mojácar, Tel. 950 61 50 25, www.mojacar.es

Hotel

******Parador de Mojácar**, Playa de Mojácar, s/n, Mojácar, Tel. 950 47 82 50, Fax 950 47 81 83, www.paradores.de. Moderner *Parador* mit gutem Restaurant direkt am Strand.

26 Sierra de Alhamilla

Mini Hollywood in der Wüste von Almería – Europas Wilder Westen.

Nördlich von Almería breitet sich Europas einzige **Wüste** aus – zerklüftete, fast kahle Gebirgszüge bilden das Panorama einer unwirklichen Mondlandschaft. Die Region um die *Sierra de Alhamilla* ist die regenärmste Gegend Europas, die durchschnittliche jährliche Niederschlagsmenge beträgt nur 110–150 mm. Unerbittlich scheint die Sonne herab, 3000 Stunden im Jahr, d. h. rund 8 Stunden täglich.

Für eine Handvoll Euros erleben Besucher in Mini Hollywood Western-Action hautnah

Plataforma Solar

Die Sierra ist ein idealer Standort für die 1981 von der Internationalen Energieagentur IEA eingerichtete *Plataforma Solar*, ein **Versuchszentrum für Sonnenenergie** (Führungen nach Voranmeldung, Tel. 950 38 79 00). Die Anlage liegt an der N 340 kurz vor dem Filmgelände. Hunderte von Spiegeln bündeln das einfallende Licht auf einen 80 m hohen Empfänger, der die wärmenden Strahlen in Energie umwandelt.

Mini Hollywood

An der Abzweigung nach Granada (C 3326) liegt auf der rechten Seite Almerías **Filmstadt** Mini Hollywood (Tel. 950 36 52 36, tgl. 10–19 Uhr). Sie wurde in den 1960er-Jahren aus der Taufe gehoben. Über 500 Filme, meist Wildweststreifen, wurden hier gedreht, darunter auch so namhafte wie ›Lawrence von Arabien‹ oder ›Spiel mir das Lied vom Tod‹. Die **Mini Hollywood Show** lädt mehrmals tgl. dazu ein, Wildwest hautnah erleben: Schüsse, eine zünftige Prügelei im Saloon, der Sheriff auf Verbrecherjagd, untermalt von Countrymusic, fast wie im Film. – In der Umgebung locken weitere Filmstädte wie *Texas Hollywood* (Tel. 950 16 54 56, tgl. 9–20.30 Uhr) zum Besuch.

Jaén und der Nordosten – durch das Land der Oliven

Herbe Schönheit zeichnet die Provinz Jaén aus. Schier endlos erstrecken sich die **Olivenhaine** über die sanft gewellten Hügel. Das Land liegt nach wie vor in den Händen weniger Großgrundbesitzer. Im Norden markiert die **Sierra Morena** die Grenze zur kastilischen Hochebene. Die Region Jaén war als Tor zu Andalusien Schauplatz erbitterter Kämpfe zur Zeit der *Reconquista*. Die Schlacht von Las Navas de Tolosa 1212 bildete den Auftakt für die christlichen Eroberungszüge in Andalusien. Im Zentrum der Provinz liegen **Úbeda** und **Baeza**, die zu den schönsten Renaissancestädten Spaniens zählen. Im Hintergrund erhebt sich das Gebirge von Cazorla und Segura, ein **Naturpark** mit einer für Andalusien einzigartigen Flora und Fauna.

27 Jaén

Wirtschaftliches Zentrum des weltweit größten Olivenanbaugebiets.

Die 116 000 Einwohner zählende Provinzhauptstadt Jaén breitet sich unterhalb der *Sierra de Jabalcuz* aus. Den besten Blick auf die Stadt inmitten der Olivenbäume genießt man vom **Castillo de Santa Catalina** aus. Ernüchternd ist dagegen die Fahrt ins Zentrum: Die Straßen sind mit Autos verstopft, beidseits wurden gesichtslose Häuserblocks hochgezogen. Fast etwas unvermittelt steht man vor dem gewaltigen Renaissancebau der **Catedral**. Deren Besuch und ein Bummel durch das dörflich anmutende Altstadtviertel **Magdalena** mit den Arabischen Bädern lassen weniger angenehme Eindrücke der Stadt schnell vergessen.

Die Spuren von Jaén reichen bis in die iberische Zeit zurück. Von den Römern erhielt die Ansiedlung den Namen *Auringis*, der von den **Silberminen** herrührt. Nachdem die Mauren den Westgoten die Stadt abgerungen hatten, befestigten sie diese und gaben ihr den Namen **Geen**, was soviel bedeutet wie ›Weg der Karawanen‹. Ihre Lage an der Schnittstelle zwischen Andalusien und Kastilien machte sie zu einer wichtigen **Handelsstation**. 1246 gelang es Ferdinand III. die Stadt für die Christen einzunehmen. Der geschlagene Herrscher Ibn al Ahmar zog sich mit seinem Gefolge nach Granada zurück und ging dort als Begründer der Nasridendynastie in die Geschichte ein.

◁ *Mohnfelder und Olivenhaine – dahinter die Gebirgszüge der Sierra Mágina*

Catedral

Ein Rundgang durch Jaén sollte bei der Kathedrale (im Sommer Mo–Sa 8.30–13 und 17–20, So/Fei 9–13 und 18–20, im Winter Mo–Sa 8.30–13 und 16–19, So/Fei 9–13 und 17–19 Uhr) beginnen. Die Bauarbeiten wurden Mitte des 16. Jh. eingeleitet und nahmen etwa 200 Jahre in Anspruch. Die Catedral erhebt sich an der Stelle, an der sich früher die Hauptmoschee der Stadt befand. Der federführende Architekt war Andrés de Vandelvira, an dessen Pläne sich auch die nachfolgenden Baumeister weitgehend hielten.

Die imposante, raumgreifende *Hauptfassade* mit ihrem strengen Aufbau wird etwas aufgelockert durch den barocken **Skulpturenschmuck** des Meisters Pedro Roldán aus Antequera. Den zentralen Platz im oberen Bereich der Fassade nimmt eine Figur des Eroberers von Jaén, König Ferdinand III., ein. Er ist in barocker Manier dargestellt, das Schwert hebt er stolz und triumphierend himmelwärts.

Im *Inneren* der Kathedrale ist der Besucher zunächst überwältigt von der erhabenen Größe des Raumes und den

Den frühen Stierkampf stellt die iberische Skulptur ›Stier von Porcuna‹ im Museo Provincial dar

mächtigen *Bündelpfeilern*, die das Gotteshaus in drei Schiffe unterteilen. Im Mittelschiff befindet sich nach spanischer Tradition der Chor, der mit einem vorzüglich geschnitzten *Chorgestühl* (16. Jh.) ausgestattet ist.

Hinter dem Hauptaltar liegt die Kapelle des **Santo Rostro**. Hier wird der größte Schatz der Catedral aufbewahrt, das **Schweißtuch der hl. Veronika**. Es wird nur freitags nach der Messe gezeigt. Feierlich ist die Zeremonie, in deren Verlauf der kostbare Reliquienschrein geöffnet und das Schweißtuch herausgenommen wird. Noch eindrucksvoller ist die Menschenmenge, die sich davor aufreiht, um das Tuch hinter Glas zu küssen, und so der wundertätigen Kraft teilhaftig zu werden, die es angeblich ausstrahlt.

La Magdalena

Nordwestlich der Catedral führt die Calle Maestra oder die Calle Aguilar in das noch maurisch anmutende Viertel La Magdalena. An der Plaza Santa Luisa de Marillac erhebt sich der **Palacio de Villardompardo** (Di–Fr 9–20, Sa/So 9.30–14.30 Uhr), den Don Fernando de Torres y Portugal, Graf von Villardompardo und Vizekönig von Peru, 1592 erbauen ließ. Der Palast birgt heute das ausgesprochen interessante volkskundliche *Museo de Artes y Costumbres Populares*, das Werkzeuge und Gebrauchsgegenstände aus der Provinz Jaén zeigt, darunter auch das Modell einer Olivenölmühle. Ferner sind die naiven Gemälde und Plastiken des 19./20. Jh. im *Museo Internacional de Arte Naïf* sehenswert. Ein weiters Highlight liegt im Kellerbereich: Die im 16. Jh. überbauten großzügigen **Baños Árabes**, Arabische Bäder aus dem 11. Jh., sind Zeugnis für die hoch entwickelte Badekultur in Al-Andalus. Der Badegast legte zunächst die Kleider in einem Vorraum ab und durchlief in drei Sälen die einzelnen Stationen des Bades (*Caldarium*, *Tepidarium* und *Frigidarium*).

Neben dem Palacio erhebt sich rechts die Kirche **San Andrés** mit einem vortrefflich gearbeiteten Gitter des Meisters Bartolomé de Jaén, links das Kloster **Santo Domingo**, früher Sitz der Inquisition. Etwas weiter östlich liegt die älteste Kirche von Jaén, **La Magdalena** (15. Jh.), die dem Viertel den Namen gab. Von dem Vorgängerbau, einer Moschee aus dem Jahr 825, ist noch der Hof der Waschungen erhalten geblieben.

Castillo de Santa Catalina

TOP TIPP

Über die Umgehungsstraße, die oberhalb der Altstadt entlang führt, erreicht man das *Castillo de Santa Catalina*, in dem heute ein stimmungsvoller *Parador* (s. u.) mit einem vorzüglichen Restaurant untergebracht ist. Herrlich ist der **Panoramablick** über die Stadt und das weite Land der Olivenbäume.

Auf dem Kirchplatz treffen sich die alten Männer und besprechen das Tagesgeschehen

Die Stadt wird überragt von ihrer Kathedrale, doch das Land prägen die Olivenbäume

Neustadt

In der Neustadt fällt das monumentale Denkmal auf der **Plaza de las Batallas** im Westen des *Parque de la Victoria* auf. Es erinnert an die zwei großen Schlachten bei Jaén: die Schlacht von Navas de Tolosa 1212 [s. S. 13] und die Schlacht von Bailén 1808 gegen die napoleonischen Truppen.

Am nordwestlichen Ende des Platzes befindet sich am Paseo de la Estación das kleine **Museo Provincial** (Di 14.30–20.30, Mi–Sa 9–20.30, So 9–14.30 Uhr). Es zeigt hauptsächlich archäologische Fundstücke, darunter die erstaunliche iberische Skulptur des ›Stiers von Porcuna‹.

i Praktische Hinweise

Information

Oficina de Turismo, c/ Maestra, 13, Jaén, Tel./Fax 953 24 26 24

Hotels

******Parador de Jaén**, Castillo de Santa Catalina, Jaén, Tel. 953 23 00 00, Fax 953 23 09 30, www.paradores.de. Stimmungsvolles Ambiente, gutes Restaurant und traumhafte Ausblicke.

*****Xauen**, Plaza de Dean Mazas, 3, Jaén, Tel. 953 24 07 89, Fax 953 19 03 12, www.hotelxauenjaen.com. Zentral gelegenes komfortables Hotel.

Restaurants

Casa Vicente, c/ Francisco Martín Mora, 1, Tel. 953 23 28 16. Vor allem regionale Spezialitäten werden hier serviert (So abends und Mi geschl.).

La Gamba de Oro, c/ Nueva, 1, Jaén, Tel. 953 24 17 46. *Tapas*-Bar mit reichem Angebot an Meeresfrüchten und frittiertem Fisch (Mi geschl.).

Weitere *Tapas*-Lokale befinden sich in der c/ Nueva und c/ Arco de Consuelo.

28 Baeza

Stolze Renaissancepaläste und stimmungsvolle Plätze schaffen Atmosphäre.

Zusammen mit dem nur 9 km entfernten Úbeda [Nr. 29] war das heute 15 000 Einwohner zählende Baeza die erste Region, die Ferdinand III. 1227 in Andalusien im Zuge der *Reconquista* einnahm. Beide Städte wurden zu Ausgangspunkten für die weiteren Vorstöße der Christen. Die wirtschaftliche und kulturelle Blütezeit erlebte Baeza im 16. Jh. als wichtige **Handels-** und **Grenzstadt** zwischen Andalusien und Kastilien. Ab 1542 war Baeza für drei Jahrhunderte Sitz einer Universität. Wohlhabende Großgrundbesitzer ließen eindrucksvolle Paläste errichten, die zusammen mit den schönen Plazas dem Ort noch heute ein ansprechendes Erscheinungsbild verleihen. Gemeinsam mit Úbeda wurde Baeza 2003 zum **Weltkulturerbe** der UNESCO erhoben, wovon sich beide Städte wichtige Impulse für den Tourismus erhoffen.

Das flüssige Gold von Jaén

Riesige Olivenplantagen überziehen die hügelige Landschaft der Provinz Jaén mit einem gleichmäßigen Raster der kleinen knorrigen Bäume mit ihren silbergrau schimmernden Blättern. Über 38 Mio. Olivenbäume gedeihen hier. Das entspricht einer Ernte von ca. 560 Mio. kg Früchten pro Jahr. Damit ist die Provinz Jaén die führende **Olivenanbauregion** der Welt.

Olivenbäume können über 1000 Jahre alt werden, das Durchschnittsalter liegt jedoch bei **300 Jahren**. Im Alter zwischen 20 und 100 Jahren trägt der Baum am besten, danach werden die Früchte weniger. Der Ölbaum ist sehr genügsam, was Qualität des Bodens und Wasserversorgung anbelangt. Empfindlich reagiert die Pflanze auf Kälte, schon bei –3° C verderben die Früchte. Olivenbäume blühen von Mai bis Juni in kleinen, weißen, traubenförmigen Blütenständen. Die Früchte werden von November bis März geerntet, und zwar immer noch von Hand. Dazu werden in der Provinz rund 170 000 **Tagelöhner** beschäftigt. Für viele ist es die einzige Verdienstmöglichkeit in der strukturschwachen Region.

Heute wird der überwiegende Teil der Oliven in großen Fabriken mit modernen Verfahrensweisen zu Öl weiterverarbeitet. Das hochwertigste kaltgepresste **Olivenöl** nennt sich **Puro Virgen**. Auf diesen Zusatz ist beim Kauf zu achten, denn auch noch das bis zu 40° C erwärmte Öl darf als kaltgepresst bezeichnet werden.

Eingelegte Oliven sind bei den Spaniern als kleine Vorspeise beliebt. Übrigens, ob die Oliven grün oder dunkelrot bis schwarz sind, hängt mit dem jeweiligen Reifegrad der Früchte zusammen. Wird im November geerntet sind die Oliven noch grün, d. h. nicht voll ausgereift.

Verschlafen und im besten Sinne des Wortes wie von gestern wirkt die größtenteils original erhaltene Plaza del Pópulo von Baeza

Plaza del Mercado Viejo

Die lang gestreckte, von Arkaden gesäumte Plaza del Mercado Viejo bildet das Zentrum von Baeza. Auf der Westseite liegt das **Ratsgebäude** (17. Jh.), von dessen Galerie aus die Honoratioren der Stadt den Festlichkeiten auf der Plaza beiwohnten. Gegenüber befindet sich die ehem. **Alhóndiga**, die Getreidemarkthalle, die praktischer Weise mit dem dahinter liegenden Kornspeicher (16. Jh.) verbunden war.

Am unteren Ende des Platzes schließt sich die stimmungsvolle kleine **Plaza del Pópulo** an. In der Mitte ist ein Brunnen zu sehen. Es wird vermutet, dass die Löwenskulpturen aus der nahe gelegenen Römerstätte *Cástulo* stammen und die schöne Frauenskulptur iberisch-römischer Herkunft Imilce darstelle, die Frau Hannibals.

Das prachtvolle Haus auf der linken Seite des Platzes ist mit dem Wappen Kaiser Karls V. versehen. Dass es sich dabei um die alte Fleischerei handelt, bezeugt den Reichtum der Stadt im 16. Jh. Heute beherbergt das Gebäude das Stadtarchiv **Archivo Histórico**.

Die Stirnseite des Platzes nimmt die **Casa del Pópulo** (1559) ein. Das zweigeschossige Gebäude ist mit einer herrlichen plateresken Fassade versehen. Im unteren Stockwerk hatten die Kanzleischreiber ihre Amtsstuben, darüber tagte das Zivilgericht. Heute ist hier die Touristinformation (s. u.) untergebracht.

Rechts davon stehen das Stadttor **Puerta de Jaén** und das Tor **Arco de Villalar**. Letzteres erinnert an den Triumph Kaiser Karls V. in der Schlacht von Villalar 1521 gegen die rebellierenden Städte (*Comunero*-Aufstand).

Antigua Universidad

Neben der *Casa del Pópulo* führt eine Treppe über die Straße Conde de Ramanones zur ehem. Universität, der Antigua Universidad. Ihre feierliche Eröffnung fand im Jahr 1542 statt. 300 Jahre lang wurde hier unterrichtet und geforscht. Seit 1875 fungiert das Gebäude als Oberschule. Im Innenhof steht ein **Denkmal** zu Ehren des großen spanischen Lyrikers Antonio Machado, der hier 1912–19 unterrichtete.

An der *Plaza Santa Cruz* liegt die gleichnamige spätromanische **Kirche**, in der bei Restaurierungsarbeiten ein westgotischer Hufeisenbogen und Wandfresken aus dem 15. Jh. freigelegt wurden.

Plaza Santa María

Gegenüber der alten Universität liegt an der Westseite der *Plaza Santa María* der **Palacio de Jabalquinto**, für viele der prachtvollste der zahlreichen Paläste von Baeza. Auf der prunkvoll geschmückten Fassade bildet das verspielte gotische Dekor einen interessanten Kontrast zu der eher strengen Spitzquaderornamentik der Renaissance.

Etwas weiter bergauf erblickt man im Osten der Plaza die **Catedral Santa María**. Sie wurde im 13. Jh. auf den Fundamenten der Hauptmoschee erbaut und unter Leitung von Andrés de Vandelvira im 16. Jh. grundlegend erneuert. Prachtvoll ist innen der mit Blattgold verzierte barocke **Hochaltar**, ebenso die Monstranz von Gaspar Nuño de Castro (1714). Gegen Einwurf einer Geldmünze öffnen sich die dicken Eisentüren, hinter denen sich die Monstranz verbirgt.

i Praktische Hinweise

Information

Oficina de Turismo, Plaza del Pópulo, s/n, Baeza, Tel./Fax 953 74 04 44

Hotel

***__Hotel-Palacete Santa Ana__, c/ Santa Ana Vieja, 9, Tel./Fax 953 74 16 57, www.palacetesantana.com. Stilvolles Hotel im Zentrum von Baeza in einem historischen Haus aus dem 16. Jh.

Restaurants

Juanito, Avda. Arca del Agua, s/n, Baeza, Tel. 953 74 00 40, www.juanitobaeza.com. Restaurant mit gutem Preis-Leistungs-Verhältnis, das zu den besten der Provinz Jaén zählt (Mo geschl.). Gepflegte ***-Gästezimmer im Haus.

Vandelvira, c/ San Francisco, 14, Baeza, Tel. 953 74 81 72. Stilvolles Restaurant in einem ehem. Kloster. Andalusische Küchenkreationen vom Feinsten.

29 Úbeda

TOP TIPP *Renaissancejuwel im Nordosten Andalusiens mit stattlichen Palästen und prachtvoller Kirche.*

Der alte Kern der 33 000-Seelen-Stadt strahlt mit seinen Renaissancebauwerken ein durch und durch **aristokratisches Flair** aus. Die Geschicke der Stadt wurden im 16. Jh. weitgehend durch zwei reiche Adelsfamilien, die *Molinas* und die *Cobos*, bestimmt. Ihre Macht beruhte auf engen Verbindungen zur Krone. Sie förderten den Architekten Andrés de Vandelvira, der das Stadtbild von Úbeda entscheidend prägte.

In Úbeda werden noch zwei traditionelle **Handwerkszweige** gepflegt, das Flechten von *Esparto*-Gras zu Matten und Körben und die Herstellung von dunkelgrün glasierter Keramik.

Harmonie der Architektur – der frühere Adelssitz Palacio de las Cadenas in Úbeda

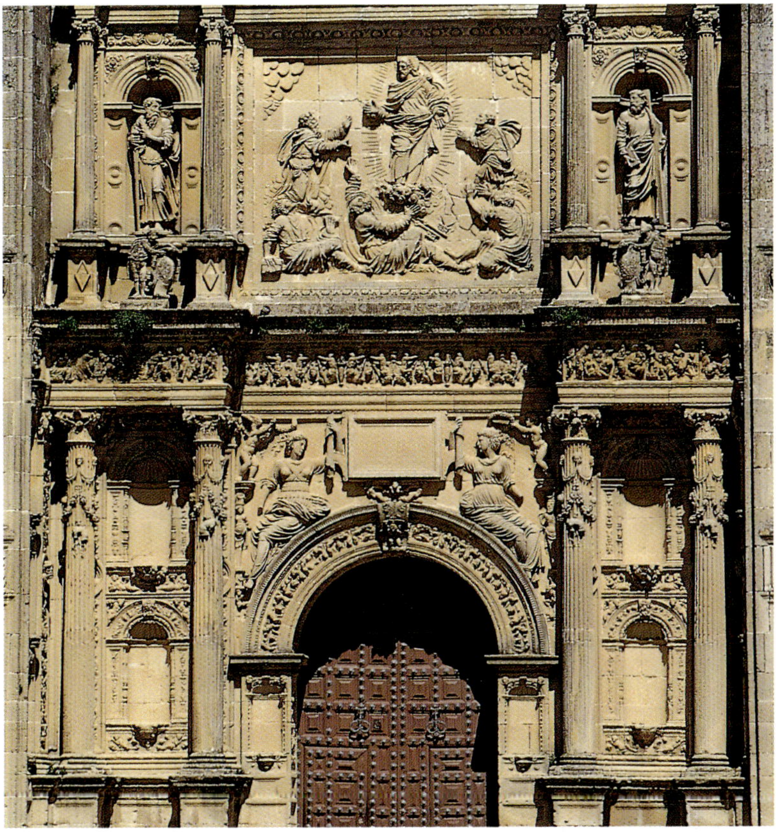

Der Staatssekretär Karls V. ließ San Salvador als private Familienkapelle errichten

Plaza de Vázquez de Molina

Um die *Plaza de Vázquez de Molina*, das Herz der Altstadt, liegen die bedeutendsten Sehenswürdigkeiten. In dem stattlichen **Palacio de las Cadenas** im Westen, ehemals Sitz der einflussreichen Familie *Vázquez de Molina*, ist heute das Rathaus untergebracht. Auf der Seite gegenüber liegt die Kirche **Santa María de los Reales Alcázares** (spätes 15. Jh.). Der Beiname erinnert daran, dass die Kirche an der Stelle erbaut wurde, wo früher die maurische Burg (*Alcázar*) stand.

Die Kirche **San Salvador** an der Stirnseite des Platzes gilt als ein Juwel der spanischen Renaissance-Architektur. Die Baupläne von 1536 gehen auf den gefragten Baumeister Diego de Siloé zurück, die Ausführung des Bauwerks oblag Meister Andrés de Vandelvira. Zwei pagodenartige Türmchen flankieren die elegante Fassade. Das zentrale Thema, die Verklärung Christi, wird im Relief über dem Portal dargestellt. Im Inneren wird das Motiv der Verklärung nochmals im *Retablo* von Alonso de Berruguete aufgenommen, der allerdings im Spanischen Bürgerkrieg stark beschädigt wurde.

Schräg gegenüber der Kirche ist das staatliche Luxushotel **Parador de Úbeda** (s. u.) in einem atmosphärischen Palais aus dem 16. Jh. untergebracht.

Plaza Primero de Mayo

Links von der Kirche San Salvador führt die Straße Horno Contador zur *Plaza Primero de Mayo*. Unterwegs liegt links der Renaissancepalast **Casa de los Salvajes**. Der Name rührt von den beiden ›Wilden‹, die das Wappen der Familie Vago tragen.

Auf dem Platz steht ein **Denkmal** zu Ehren des in Úbeda verstorbenen spanischen Mystikers und Lyrikers Juan de la Cruz (1542–1591), der an der Seite der hl. Teresa von Avila für die Reform des Karmeliterordens eingetreten war.

Die Kirche **San Pablo** im Norden des Platzes wurde im spätgotischen Stil erbaut. Das Hauptportal geht noch auf die Romanik zurück, und auch im gotischen Inneren lassen sich noch einige Kapitelle mit romanischer Bildsprache ausfindig machen. Schräg gegenüber liegt das alte Rathaus **Ayuntamiento Viejo** mit einer schönen Renaissance-Loggia.

Etwas außerhalb des Altstadtkerns, an der Calle Obispo Cobos, liegt der imposante Krankenhausbau **Hospital de Santiago**, ein weiteres Werk von Andrés de Vandelvira. Und beim Bummel durch die Stadt sieht man viele weitere noble Paläste und interessante Sakralbauten.

i Praktische Hinweise

Information

Oficina de Turismo, c/ Baja del Marqués, 4 (Palacio Marqués de Contadero), Úbeda, Tel. 953 75 08 97, Fax 953 79 26 70

Hotels

TOP TIPP ****Parador de Úbeda**, Plaza de Vázquez Molina, 1, Úbeda, Tel. 953 75 03 45, Fax 953 75 12 59, www.paradores.de. Stimmungsvoller *Parador* in einem Palais des 16. Jh. Küche und Service vom Feinsten, Café mit *Tapas*.

Schöner Wohnen – Häuserfassaden in der Altstadt von Úbeda

***Maria de Molina**, Plaza del Ayuntamiento (Ecke c/ Andalucía), Úbeda, Tel. 953 79 53 56, Fax 953 79 36 94, www.hotel-maria-de-molina.com. Zentral gelegen, geschmackvoll eingerichtete Zimmer.

Rosaleda de Don Pedro, c/ Obispo Toral, 2, Úbeda, Tel. 953 79 51 47, Fax 953 79 51 49, www.rosaledadedonpedro.com. Liebevoll eingerichtetes Hotel in der Altstadt.

Restaurant

El Gallo Rojo, c/ Manuel Barraca, 3, Úbeda, Tel. 953 75 20 38. Traditionelle Küche in andalusischem Ambiente.

30 Cazorla

Nettes Bergstädtchen, beliebter Ausgangspunkt für Tagesexkursionen.

Cazorla (9 000 Einwohner) liegt malerisch in 886 m Höhe am Fuße der Peña de los Halcones. Zwei Burgen befestigten den Ort: das gut erhaltene **Castillo de la Yedra**, das heute ein kleines *Volkskundemuseum* (Di 14–19, Mi–So 9–19 Uhr) beherbergt, und das höher liegende **Kastell der fünf Ecken**, das von einem trutzigen Bergfried überragt wird. An der *Plaza de Santa María* liegen die Reste der gleichnamigen **Renaissancekirche**, die zur Zeit der Napoleonischen Kriege stark in Mitleidenschaft gezogen wurde.

i Praktische Hinweise

Information

Oficina de Turismo, Paseo del Santo Cristo, 17, Cazorla, Tel./Fax 953 71 01 02, www.turismoencazorla.com

Hotel

Guadalquivir, c/ Nueva, 6, Cazorla, Tel. 953 72 02 68, Fax 953 72 06 96, www.hguadalquivir.com. Das familiäre Haus bietet ordentliche, günstige Zimmer und einen Gemeinschaftsraum.

Restaurant

Mesón La Cueva de Juan Pedro, Plaza Santa María, 10, Cazorla, Tel. 953 72 12 25. Liebenswerte Bodega, leckere Hausmannskost.

Der Artenreichtum des Naturparks entwickelt sich vor allem im Frühling zu wahrer Pracht

31 Parque Natural de Cazorla y Segura

TOP TIPP

Eine grüne Oase inmitten der trockenen Olivenanbauregion, ideal für Wanderungen.

Die Gebirgszüge der *Sierra de Cazorla y Segura*, Ausläufer der Betischen Kordillere, erreichen Höhen von knapp über 2000 m und fungieren als Wetterscheide. Regenmangel ist somit hier im Naturschutzgebiet kein Thema. Neben zahlreichen Orchideen- und Narzissenarten findet sich auch das nur hier vorkommende Cazorla-Veilchen. Ausgedehnte **Wälder** aus Eichen, Eschen, Lärchen, Schwarz- und Strandkiefern lassen den einstigen Waldreichtum Andalusiens erahnen.

Dem steht die **Tierwelt** in nichts nach. Mit etwas Glück kann man Steinböcke, Wildschweine, Reh- und Damwild, Mufflons und eine Vielzahl von Greifvögeln beobachten. In der Region liegt auch der Ursprung der andalusischen Lebensader, des großen Flusses **Guadalquivir**, der die Städte Córdoba [Nr. 32] und Sevilla [Nr. 34] durchfließt und nach rund 650 km in den Atlantik mündet.

Im Naturpark ist das Informationszentrum **Torre del Vinagre** (s. u.) eingerichtet, in dem ein kleines *Naturkundliches Museum* sowie ein ca. 20-minütiger Film Aufschluss über Entstehung, Flora und Fauna des Parks geben. Auch Kartenmaterial ist hier erhältlich. Gegenüber liegt ein kleiner *Botanischer Garten*, der einen Überblick über die reichhaltige Flora verschafft.

Etwas weiter, kurz vor dem Stausee **El Tranco**, liegt ein Wildgehege, der **Parque Cinegético**. Ein gut begehbarer Wanderweg führt auf einen Hügel mit einer schönen Aussicht auf die malerische Gebirgslandschaft und den tiefblauen See.

i Praktische Hinweise

Information

Centro de Interpretación, Torre del Vinagre, Ctra. del Tranco, km 48,8, Tel. 953 71 30 17, Di–So 10–14 und 16–19 Uhr; Informationszentrum und Naturkundliches Museum

Oficina del Parque Natural, c/ Carretera, 27, Cazorla, Tel. 953 72 01 25. Auskunft über Unterkünfte, Wanderwege, geführte Touren mit Jeeps oder Pferden.

Hotels

******Coto del Valle**, Crta. del Tranco (A 319), km 34, Cazorla, Tel. 953 12 40 67, Fax 953 12 49 84, www.hotelcotodelvalle.com. In herrlicher Landschaft inmitten des Naturparks liegt dieses rustikale Komforthotel. Pool im Garten.

*****Parador de Cazorla**, Ctra. de la Sierra, km 27, Cazorla, Tel. 953 72 70 75, Fax 953 72 70 77, www.paradores.de. Moderner *Parador* in wundervoller Umgebung.

Córdoba – Metropole der Kalifen

Einst war Córdoba die viel gerühmte **Stadt der Kalifen** von Al-Andalus. Von hier aus regierten sie ihr mächtiges Reich, das sich zeitweise bis zu den Pyrenäen erstreckte. Mit dem Glanz von Córdoba konnten sich zur damaligen Zeit nur Konstantinopel und Bagdad messen. Die Stadt am Guadalquivir zählte in jenen Tagen fast 1 Mio. Einwohner. Die *Mezquita* ist die kostbarste Hinterlassenschaft der Omaijaden. Nahe bei Córdoba liegen die Ruinen von **Medina Azahara**. Die einstige Märchenstadt am Fuße der *Sierra Morena* vermittelt einen Eindruck von der prachtvollen Hofhaltung der Kalifen.

32 Córdoba

Plan Seite 76

Einstige Perle des Kalifats.

Im Gegensatz zu dem quirligen Sevilla [Nr. 34] und dem studentischen Granada [Nr. 17] macht Córdoba (320 000 Einw.) eher einen geruhsamen, verträumten Eindruck. Nach wie vor werden in der Stadt traditionelle **Kunsthandwerkserzeugnisse** wie die berühmten cordobesischen Leder- und die filigranen Silberschmiedearbeiten produziert. Hauptabnehmer sind die vielen Besucher, die kommen, um die Stadt und die **Mezquita**, die Moschee, kennenzulernen.

Geschichte Die Geschichte von Córdoba lässt sich bis in die iberische Zeit zurückverfolgen. Mit der Etablierung der Römer auf der Iberischen Halbinsel gewann Córdoba an Bedeutung. In der Kaiserzeit war es sogar zeitweise **Hauptstadt** der Provinz Baetica, die ungefähr dem heutigen Andalusien entsprach. In Córdoba erblickten Geistesgrößen wie die beiden Senecas sowie der Dichter Lucanus das Licht der Welt.

Mit dem Sieg der Mauren über die Westgoten bahnte sich die größte **Blütezeit** an. Der aus Damaskus vertriebene Omaijadenherrscher Abd ar Rahman I. erhob Córdoba im Jahr 756 zum Emirat (Fürstentum). In der Mitte des 10. Jh. wurde Córdoba unter Abd ar Rahman III. zum strahlenden Mittelpunkt des unabhängigen **Kalifat des Westens**, Al-Andalus. Die Omaijadenherrschaft zeichnete sich vor allem durch die Toleranz gegenüber Andersgläubigen aus. Juden und Christen konnten, sofern sie sich der arabischen Herrschaft unterordneten, ihren Besitz behalten und ihre Religion frei ausüben.

In jenen Tagen entwickelte sich Córdoba nicht nur zu einer blühenden Handels- und Kulturmetropole, sondern auch zu einem der *Pilgerzentren* der islamischen Welt. In der Stadt, so heißt es, gab es neben der prachtvollen **Hauptmoschee** weitere 300 islamische Gebetsstätten. Straßenbeleuchtung, Kanalisation, öffentliche Badeanstalten, unentgeltliche Schulen und Krankenhäuser deuten auf den hohen Entwicklungsstand dieser Zeit hin. An der Universität mit ihrer reich bestückten Bibliothek führte die Zusammenarbeit von Gelehrten unterschiedlicher Kulturkreise und Religionen zu einem wissenschaftlichen Erkenntnisschub.

Das Ende dieser glanzvollen Zeit wurde durch innere Streitigkeiten um die Regierungsmacht herbeigeführt, die in einem **Bürgerkrieg** gipfelten. Fanatische berberische Söldner zerstörten 1010 die prächtige, vor den Toren Córdobas gelegene Kalifenstadt Medina Azahara [Nr. 33]. Im Jahr 1031 zerfiel das Kalifat endgültig. Córdoba verlor seine Vorrangstellung an Sevilla. 1236 eroberte Ferdinand III. der Heilige Córdoba für die Christen zurück. Die Stadt fungierte fortan als Operationsbasis für die weiteren Eroberungszüge der Christen.

◁ *Der überreichen maurischen Formensprache verdankt die Mezquita ihren Charakter*

Falls es sich einrichten lässt, sollte man Córdoba in der ersten Maihälfte besuchen, denn zu dieser Zeit findet beim **Festival de los Patios** die alljährliche Prämierung der schönsten Innenhöfe statt. Nur dann sind all diese blumenduftenden Kleinode, die Patios, für die Öffentlichkeit zugänglich.

TOP TIPP Mezquita 1

Die Mezquita (im Sommer Mo–Sa 8.30–19, So 8.30–10 und 14–19 Uhr, im Winter kürzere Öffnungszeiten) zählt zu den großartigsten Werken islamischer Baukunst. Heute sprechen die Cordobesen von ihr als **Moschee-Kathedrale**, denn

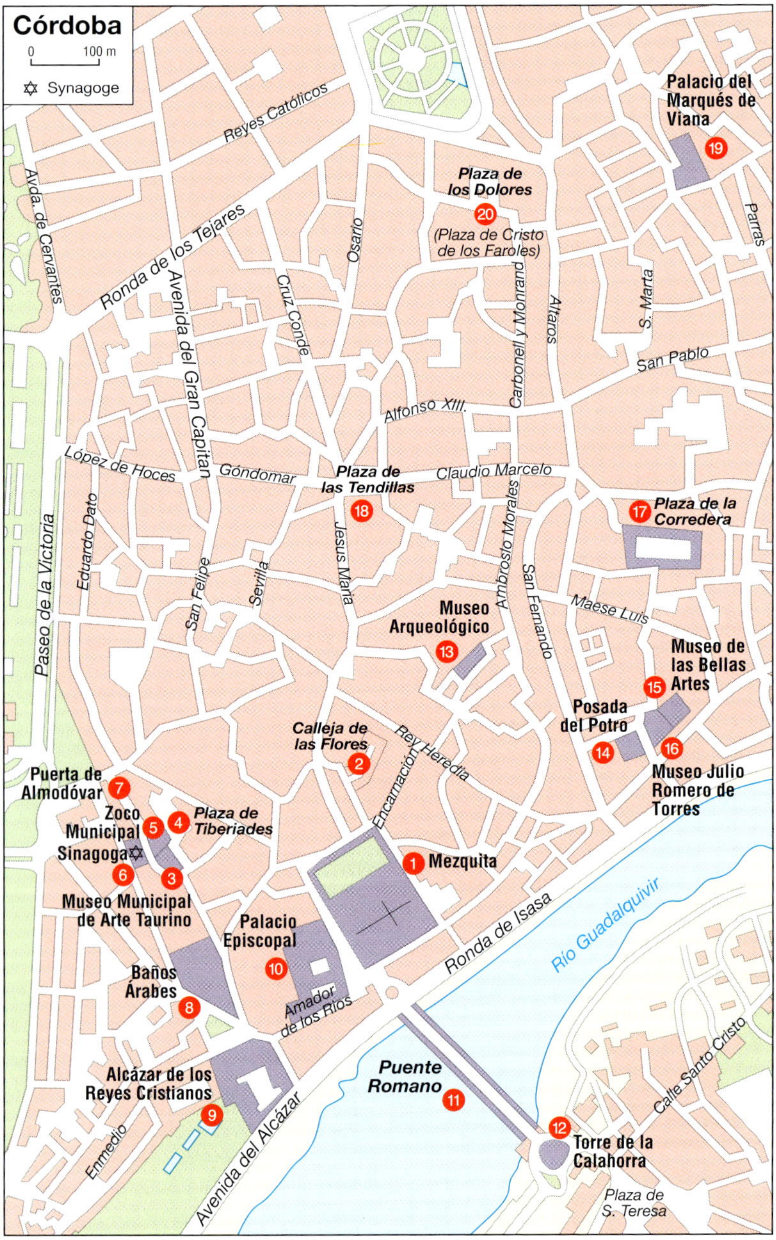

Träge fließt der Guadalquivir unter der römischen Brücke hindurch, vorbei an der Mezquita

die Catedral de Córdoba wurde im 16. Jh. auf Veranlassung von Kaiser Karl V. mitten in die omaijadische Moschee hineingebaut. Der erbitterte Widerstand des damaligen Stadtrates und der cordobesischen Bevölkerung hatte sich als zwecklos erwiesen. Als Karl V. einige Jahre später das Werk begutachtete, soll er reumütig gegenüber dem Domkapitel geäußert haben: »Hier hat man etwas erbaut, was man überall hätte bauen können, aber etwas zerstört, was einmalig gewesen ist.«

Den Grundstein für die Moschee legte der Emir Abd ar Rahman I. im Jahr 785. Es entstand eine prächtige, fast quadratische Hofmoschee mit **elf Schiffen**. Im Laufe der Omaijadenherrschaft wurde die Moschee drei Mal vergrößert. Unter Abd ar Rahman II. wurde die erste Erweiterung vorgenommen, die zweite von Al Hakem II. Die letzte und größte Baumaßnahme veranlasste der despotische Großwesir Almansur. Damit erreichte die Moschee, den Vorhof mit eingerechnet, die gewaltigen Ausmaße von 22 400 m². Die Gründe für die Erweiterungen der Moschee sind einerseits in der stetig wachsenden Bevölkerung, andererseits auch in dem zunehmenden **Repräsentationsbedürfnis** der Omaijaden zu sehen. Als Kalife des Westens standen sie in unmittelbarer Konkurrenz zum östlichen Kalifat von Bagdad. Dort regierten die verhassten Abbasiden, die die Omaijadendynastie in Syrien gestürzt hatten.

Die Moschee betritt man durch den **Vorhof**, der von den Muslimen für rituelle Waschungen, aber auch für Koranunterricht und Rechtsprechung genutzt wurde. Um das Minarett errichtete man später den **Glockenturm** der Catedral.

Im **Inneren** der Moschee müssen sich die Augen zunächst an das mystische Halbdunkel gewöhnen. Ursprünglich war es von Licht durchflutet, das durch die zum Hof hin geöffneten Arkaden einströmte. Nach der *Reconquista* ließ die Krone **Familienkapellen** einbauen, um die Adelsfamilien für ihre Hilfe bei den Kriegszügen zu belohnen.

Einzigartig und ergreifend ist der Raumeindruck, der durch die über **800 Säulen** entsteht, die sich zu einem schier endlosen **Säulenwald** verdichten. Für die gläubigen Muslime steht dieses immer wiederkehrende Motiv für die Unendlichkeit und Allgegenwart Allahs. Es empfiehlt sich, den Rundgang im Nordwesten zu beginnen. In diesem ältesten Teil der Moschee findet man die schönsten Säulen. Zum Teil werden sie auf ein Alter von über 2000 Jahre geschätzt. Sie stammen aus verschiedenen Stätten des Al-

Wie in einem künstlichen Palmenhain wandelt man

im Säulenwald der Mezquita zwischen mehr als 800 Säulen

tertums. Entsprechend variieren auch Materialien und Größe der Säulen. Um eine gleichmäßige Höhe zu erzielen, wurden längere Säulen in den Boden eingelassen und kürzere auf ein Podest gestellt. Wahrscheinlich inspiriert von römischen Aquädukten, verbanden die arabischen Baumeister die Säulen miteinander durch eine doppelte Reihe von **Hufeisenbögen**. Damit verliehen sie dem Raum die notwendige Höhe. Die Bögen setzen sich zusammen aus roten Ziegel- und weißen Kalksteinen, das schöne Muster ruft eine fantastische Lichtwirkung und Rhythmisierung des Raums hervor.

Etwas weiter südlich kündigen prachtvolle Bögen die Wand an, in der sich nach der Erweiterung durch Abd ar Rahman II. die Gebetsnische, der Mihrab, befand. Glanzvoll ist die Konstruktion der Lichtkuppel in dieser **Capilla de Villaviciosa**. Sie wird von Kreuzrippen durchzogen, die ein wundervolles Muster bilden. Mit der zweiten Erweiterung verlegte Al Hakem II. den *Mihrab* und die *Kibla* – die die Richtung nach Mekka anzeigen – ein letztes Mal, und dies ist der Ort der höchsten **Prachtentfaltung** in der Moschee. Das Innere dieses **Mihrab** wird überwölbt von einer muschelförmigen Marmorkuppel, die akustisch die Stimme des Imams verstärkte. Die Ausgestaltung des Hufeisenbogens des *Mihrab* und der prachtvollen vorgelagerten Kuppel mit Glasmosaiken übernahmen eigens aus Byzanz herbeigerufene Handwerker. Effektvoll wurde die Wirkung der unzähligen kleinen funkelnden Mosaiksteine erhöht durch einen von der Kuppel herabhängenden **Moscheeleuchter**, der mit zahlreichen kleinen Öllämpchen bestückt war.

Die **Catedral** mitten in der Moschee reißt den Besucher unvermittelt aus dieser Welt von Tausendundeiner Nacht heraus. Ihretwegen wurden 63 Säulen entfernt und somit die durch den Säulenwald erzeugte Perspektive zerstört. An anderer Stelle würde man die Kirche entsprechend zu würdigen wissen, hier aber empfindet man sie eher als störenden Fremdkörper. Das barocke **Chorgestühl** aus Mahagoniholz, das der Bildhauer Duque de Cornejo 1760 mit 40 seiner besten Schüler schuf, ist das Glanzstück der Catedral. Sehenswert ist auch die wunderbare **Silbermonstranz** des Künstlers Enrique de Arfe, die sich in der Schatzkammer befindet.

La Judería

Unmittelbar hinter der *Mezquita* erstreckt sich die Judería, das alte Judenviertel. Das Labyrinth der engen weiß getünchten Gassen und die liebevoll geschmückten Innenhöfe haben ihren **orientalischen Zauber** noch nicht verloren – obwohl mitunter die vielen Besucher Schwierigkeiten haben, aneinander vorbeizukommen, und sich die Judería teilweise wie ein einziger Basar ausnimmt. Das beliebteste Fotomotiv ist die **Calleja de las Flores** 2, die Blumengasse, die in einen hübschen Platz mündet, von dem

Ein Meisterwerk islamischer Baukunst ist die Kuppel im Vorraum des Mihrab

Zum Festival de los Patios wetteifern die stimmungsvollsten Innenhöfe um Siegerehren

sich ein herrlicher Blick auf den Glockenturm der Kathedrale bietet.

An der Plaza Maimonides, auch Plaza de las Bulas genannt, ist in einem Stadtpalast aus dem 16. Jh. das Stierkampfmuseum, **Museo Municipal de Arte Taurino** 3 (wg. Restaurierung geschl.), untergebracht. Hier wird das Andenken an die legendären Helden der Arena aus Córdoba wie Lagartijo, Manolete und El Cordobés hochgehalten.

Etwas weiter oberhalb, linker Hand der Calle Judíos, liegt die kleine **Plaza de Tiberiades** 4, auf der ein Bronzedenkmal an den Universalgelehrten aus Córdoba, Rabbi Mose Ben Maimon (1135–1204), genannt *Maimonides*, erinnert. Mit seinen religionsphilosophischen Werken beeinflusste er nachhaltig auch die christlichen Scholastiker, vor allem Albertus Magnus und Thomas von Aquin.

Schräg gegenüber führt eine schmale Gasse in einen stimmungsvollen Innenhof, den **Zoco Municipal** 5, in dem typisch cordobesisches Kunsthandwerk hergestellt und verkauft wird.

In der Calle Judíos verbirgt sich hinter einem unscheinbaren Tor Córdobas einzige erhalten gebliebene **Sinagoga** 6 (Di–Sa 9.30–14 und 15.30–17.30, So 9.30–14.30 Uhr). Die Synagoge wurde 1315 erbaut, als die Stadt bereits wieder unter christlicher Herrschaft stand. Im Jahr 1492 wurde sie geschlossen und in eine christliche Kapelle umgewandelt. Seit 1885 ist das Gebäude **Nationaldenkmal**. Der kleine quadratische Innenraum wurde im *Mudéjar*-Stil ausgestattet und ist original erhalten. Die Nische an der Ostwand diente zur Aufbewahrung der Thorarollen, die südlich gelegene Empore war den Frauen vorbehalten.

Am Ende der Calle Judíos liegt linker Hand das Stadttor, die **Puerta de Almodóvar** 7, die einst den Zugang zum Jüdischen Viertel bewachte. An dieser Stelle ließ die Stadt für den in Córdoba geborenen Philosophen Lucius Annaeus Seneca (4 v. Chr.–65 n. Chr.) ein Denkmal aufstellen. Entlang der gut erhaltenen arabischen Stadtmauer führt der Weg vorbei an der Statue von *Averroes* (1126–1198). Der große arabische Philosoph gilt als einer der bedeutendsten Interpreten der Lehren von Aristoteles.

Ein Viertel der kleinen Leute ist die Judería bis heute geblieben

Westlich der Mezquita

Am Campo Santo de los Mártires kann man noch die Reste Arabischer Bäder, der **Baños Califales** 8 (Di–Sa 10–14 und 17.30–19.30, So/Fei 9.30–14.30 Uhr), erkennen.

Der **Alcázar de los Reyes Cristianos** 9 (Tel. 957 42 01 51, im Sommer Di–So 8.30–14 Uhr, im Winter Di–Sa 10–14 und 17.30–19.30, So/Fei 9.30–14.30 Uhr) am Südende des Platzes wurde nach der Rückeroberung Córdobas von König Alfonso XI. 1328 erbaut. Das Standbild des Königs ist im Eingangsbereich zu sehen. Die Katholischen Könige wählten den *Alcázar* zu ihrer Residenz. Von hier aus planten sie auch die Eroberung des letzten Bollwerks der Mauren, des Königreichs Granada.

Im 16. Jh. wurde der *Alcázar* als Kerker der Inquisition genutzt. Heute werden in den Räumen der Burg **archäologische Funde** aus Córdoba präsentiert, darunter einige sehr schöne Mosaiken mit mythologischen Themen sowie ein ausgezeichnet erhaltener Marmorsarkophag aus dem 3. Jh.

Über die Calle Amador de los Ríos führt der Weg zurück zur *Mezquita*. Ihr gegenüber liegt neben dem Kongress- und Ausstellungszentrum der Bischofspalast, **Palacio Episcopal** 10, wo sich einst die Residenz der Omaijaden befand. Heute zeigt hier das *Museo Diocesano de Bellas Artes* (wg. Restaurierung geschl.) Kunstwerke aus Córdobas Kirchen. Nahebei blickt von einer hohen Säule Erzengel Raphael, Schutzpatron der Stadt, herab. Die wuchtige Puerta del Puente entstand als Triumphbogen unter Philipp II.

Der Fluss wird überspannt von einer 16-bogigen Brücke, der **Puente Romano** 11, deren Ursprünge auf die römische Zeit zurückgehen. Am anderen Ende der Brücke steht der Festungsturm **Torre de la Calahorra** 12 aus dem 14. Jh., der heute das **Museo Vivo de Al-Andalus** (Tel. 957 29 39 29, www.torrecalahorra.com, wg. Restaurierung bis Sommer 2007 geschl.) beherbergt, eine lebendig präsentierte Sammlung, die die Errungenschaften der muslimischen, jüdischen und christlichen Kulturen in Andalusien thematisiert. Von der Dachterrasse aus hat man einen schönen Blick auf die *Mezquita*, die römische Brücke, die im Fluss verbliebenen Überreste arabischer Mühlen sowie auf die Rekonstruktion eines maurischen Wasserrades.

Repräsentative Stadtpaläste beherbergen die Geschäfte um die Plaza de las Tendillas

Östlich der Mezquita

Das **Museo Arqueológico** 13 (Tel. 957 35 55 17, Di 14.30–20.30, Mi–Sa 9–20.30, So 9–14.30 Uhr) von Córdoba liegt an der Plaza Jerónimo Páez in einem großzügigen Renaissancepalast. In der umfangreichen Sammlung finden sich Stücke aus prähistorischer, iberischer, römischer, westgotischer und arabischer Zeit. Das Prunkstück ist ein reich mit pflanzlichen Motiven ornamentierter **Bronzehirsch** aus dem 10. Jh.

Etwas östlich befindet sich die schöne *Plaza del Potro*, die nach der Brunnenskulptur eines niedlichen Fohlens benannt wurde. Begrenzt wird der Platz von der **Posada del Potro** 14, einer Herberge, die bereits Cervantes im ›Don Quijote‹ erwähnte. Heute wird das Gebäude für Wechselausstellungen genutzt.

Gegenüber der Posada liegt in einem ehem. Hospital aus dem 16. Jh. das Museum der Schönen Künste, das **Museo de las Bellas Artes** 15 (Tel. 957 35 55 50, Di 14.30–20.30, Mi–Sa 9–20.30, So/Fei 9–14.30 Uhr). Namhafte Künstler, darunter Esteban Murillo, Francisco de Zurbarán und José de Ribera, sind vertreten. Eingehend dokumentiert ist die *Schule von Córdoba* mit den Künstlern Alejo Fernández, Bartolomé Bermejo und Antonio de Castillo.

In einem Nebengebäude befindet sich das **Museo Julio Romero de Torres** 16 (Tel. 957 49 19 09, Di–Sa 10–14 und 17.30–19.30, So 9.30–14.30 Uhr). Es ist das Geburtshaus des Malers Julio Romero de Torres (1880–1930) und ausschließlich seinen Werken gewidmet. Seine ungebrochene Beliebtheit verdankt der Künstler seinen romantisch und verführerisch dargestellten Frauenporträts.

Nicht weit ist es von der *Plaza del Potro* nach Norden zur **Plaza de la Corredera** 17. Die von Arkadengängen gesäumte Platzanlage erinnert an die herrschaftlichen Plätze Kastiliens. Die historische Architekturkulisse, vor der allmorgendlich Markt abgehalten wird, hat einen ganz besonderen urbanen Charme.

Oberstadt

Zum Zentrum der Oberstadt, zu der geschäftigen **Plaza de las Tendillas** 18, gelangt man über die Calle Claudio Marcelo. Diese Einkaufsstraße führt am *Rathaus* (17. Jh.) und an einem restaurierten *römischen Tempel* (1. Jh. n. Chr.) vorbei. Im Mittelpunkt der Plaza erhebt sich ein **Reiterstandbild**. Es zeigt Don Gonzalo Fernández de Córdoba, den Feldherrn der Katholischen Könige.

Noch ein ganzes Stück weiter nordöstlich an der *Plaza de Don Gome* liegt der **Palacio del Marqués de Viana** 19 (Tel. 957 49 67 41, Mo–Fr 10–13 und 16–18, Sa 10–13 Uhr), ein prachtvoller Adelspalast mit 13 wunderschönen *Patios*. Das seit 1980 für die Öffentlichkeit zugängliche Patrizierhaus ist im Originalzustand erhalten. Aus den zahlreichen *Kunstschätzen*, die die Familie im Laufe der Generationen zusammengetragen hat, ragen die Kollektion der cordobesischen Lederwaren sowie die umfangreiche Keramik- und Gemäldesammlung hervor.

TOP TIPP

Nicht weit ist es von hier zur beliebten **Plaza de los Dolores** 20, auf der eine steinerne Skulptur des gekreuzigten Christus verehrt wird. Allabendlich wird die Christusfigur von dem Licht aus acht schmiedeeisernen Laternen (span. *Faroles*) sanft angestrahlt. Deshalb ist der Platz im Volksmund bekannter unter dem Namen *Plaza de Cristo de los Faroles*.

Praktische Hinweise

Information

Oficina de Turismo, c/ Torrijos, s/n, Córdoba, Tel. 902 20 17 74, www.turismodecordoba.org

Hotels

****__Amistad Córdoba__, Plaza Maimonides, 3, Córdoba, Tel. 957 42 03 35, Fax 957 42 03 65, www.nh-hotels.de. Stilvolles Hotel in einem Palast des 18. Jh. im Herzen der *Judería* gegenüber dem Stierkampfmuseum.

****__El Conquistador__, Magistral Gonzáles Francés, 15–17, Córdoba, Tel. 957 48 11 02, Fax 957 47 46 77. Gepflegtes Hotel direkt bei der *Mezquita* mit lauschigem Patio.

****__Hesperia Córdoba__, Avda. Fray Albino, 1, Córdoba, Tel. 957 42 10 42, Fax 957 29 99 97, www.hesperia-cordoba.com. Lage und Ausstattung machen es zu einem der besten Vier-Sterne-Hotel vor Ort, der Service leider nicht immer.

***__Maimonides__, c/ Torrijos, 4, Córdoba, Tel. 957 47 15 00, Fax 957 48 38 03, www.eurostarsmaimonides.com. Das mit Abstand beste Drei-Sterne-Haus der Stadt liegt gegenüber der Mezquita.

**__Lola__, c/ Romero, 3, Córdoba, Tel. 957 20 03 05, Fax 957 20 02 18, www.hotelconencantolola.com. Kleines Altstadthotel mit acht charmanten Zimmern.

*__Maestre__, c/ Romero Barros, 4, Córdoba, Tel. 957 47 24 10, Fax 957 47 53 95, www.hotelmaestre.com. In der Nähe der Plaza del Potro. Gepflegtes kleines Hotel mit freundlichem Personal.

Restaurants

Almudaina, Campo Santo de los Mártires, 1, Córdoba, Tel. 957 47 43 42. Vorzüglich speisen im Ambiente eines Palasts des 16. Jh. (So abend geschl.).

Churrasco, c/ Romero, 16, Córdoba, Tel. 957 29 08 19. Exquisites Restaurant in einem *Patio*. Spezialität: gegrilltes Fleisch.

Auch für Einheimische sind abends die Restaurants der Judería ein beliebter Treff

TOP TIPP **El Caballo Rojo**, c/ Cardenal Herrero, 28, Córdoba, Tel. 957 47 53 75, www.elcaballorojo.com. Nach wie vor die erste Restaurantadresse in Córdoba. Vorzüglich sind die hispano-arabischen Gerichte, die Desserts ein Gedicht.

Bar

Bodega Casa de Campos, c/ de los Lineros, 32, Córdoba, Tel. 957 49 76 43. Schöne Bodega für den Sherrygenuss am Abend. Herrlich ist der Innenhof mit den unzähligen Blumentöpfen (So abends geschl.).

33 Medina Azahara

Vergangene Pracht in der Palaststadt der Kalifen.

Nur 8 km westlich von Córdoba [Nr. 32] liegt das ausgedehnte Ruinenfeld der einst so viel gerühmten Palaststadt der Omaijaden, Medina Azahara (Tel. 957 35 55 06, im Sommer 10–20.30, So 10–14 Uhr, im Winter Di–Sa 10–18.30, So 10–14 Uhr). Dank der Restaurierungsarbeiten der letzten Jahrzehnte kann man sich heute ein gutes Bild von der einstigen Pracht machen.

Geschichte Die Palaststadt Medina Azahara wurde zur Blütezeit des Kalifats von Córdoba 936 von dem Herrscher Abd ar Rahman III. in Auftrag gegeben und schon 960 unter seinem Sohn Al Hakem II. vollendet. Mit der Namensgebung bezeugte der Kalif die Liebe zu seiner Lieblingsfrau **Azahara**, deren Name ›die Blume‹ bedeutet.

Die repräsentative **Sommerresidenz** diente der Hofhaltung und Verwaltung. In der Glanzzeit sollen über 30 000 Menschen in Medina Azahara gelebt haben, zum größten Teil gehörten sie zum Dienstpersonal des Kalifen. Sicherlich spielte auch das angenehme Klima am Rande der *Sierra Morena* eine Rolle bei der Entscheidung, die Residenz außerhalb der im Sommer unerträglichen heißen Stadt Córdoba zu errichten. Zudem trachtete Abd ar Rahman III. danach, das Kalifat der Abbasiden von Bagdad an Macht und Glanz zu überbieten.

Die Blütezeit der Stadt war jedoch nur von kurzer Dauer, bereits im Jahre 1010 wurde Medina Azahara fast vollständig zerstört. Berbertruppen überfielen die Königsstadt. Der Luxus und die Pracht, mit denen sich die Omaijaden umgaben, empfanden die Eindringlinge als gotteslästerlich und machten die Stadt dem Erdboden gleich. Mit der Zerstörung kündigte sich auch der Untergang der glanzvollen Omaijaden-Herrschaft an. Im Laufe der Jahrhunderte verfiel die Anlage und wurde als Steinbruch für das nahe gelegene Kloster *San Jerónimo* genutzt. Erst zu Beginn des 20. Jh. erwachte das Interesse an der Palaststadt erneut, und 1923 wurde Medina Azahara zum Nationaldenkmal ernannt.

Besichtigung Gleich nach dem Betreten des Areals bietet sich ein fantastischer Blick auf die in drei Ebenen angelegte **Palaststadt** und das weite Tal des Guadalquivir. Entlang der nördlichen Ummauerung gelangt man auf verwinkelten Wegen ins Innere der Stadt. Der oberste Bereich mit den Wohn- und Repräsentationsräumen des Kalifen ist bislang nicht zu besichtigen, da die archäologischen Forschungsarbeiten noch nicht abgeschlossen sind.

Schon bald aber taucht das Gebäude der Streitkräfte auf. Hier beeindruckt der Saal **Dar al Yund** durch seine Weite. Er wurde für militärische Zeremonien genutzt. Über ein System von Rampen gelangt man zum **Waffenplatz**, auf dem das Militär exerzierte. Der große Platz wird flankiert von einem repräsentativen Tor, das ursprünglich aus 15 Hufeisenbögen bestand. Mittlerweile wurden fünf dieser prächtigen Bögen rekonstruiert.

Etwas weiter unterhalb liegen Reste der **Moschee**. Sie ist leicht auszumachen, da sie aufgrund ihrer Ausrichtung nach Mekka aus der Gesamtkonzeption der Anlage herausfällt. Es sind nur noch die Fundamente erhalten. An ihnen lässt sich aber noch gut ablesen, dass hier einst eine fünfschiffige Säulenmoschee stand.

Vorzüglich wurde der Botschaftersaal **Dar al Mulk** rekonstruiert. Er diente als Empfangssaal für ausländische Gesandte sowie für Ratssitzungen. Umgeben war das Gebäude von **üppigen Gärten** mit Wasserspielen und einer Menagerie mit exotischen Tieren. Der dreischiffige Raum wird von edlen Marmorsäulen gegliedert, die miteinander durch rot-weiß gestreifte Hufeisenbögen verbunden sind. Die Wände sind über und über mit floralen und geometrischen Stuckornamenten verkleidet. Mit etwas Fantasie gelingt es leicht, sich die prachtvollen Empfänge der Kalifen mit ihrem aufwendigen Zeremoniell vorzustellen.

Sevilla und Umgebung – Stolz und Schönheit am Guadalquivir

Die Primadonna unter den andalusischen Städten ist **Sevilla** – schön, stolz und manchmal zickig. Die Hauptstadt der gleichnamigen Provinz und der autonomen Region Andalusien zehrt noch immer ein bisschen vom Ruhm vergangener Zeiten, als der Guadalquivir, die **Lebensader** Andalusiens und schiffbar bis Sevilla, die Stadt reich machte. Das Umland war und ist tiefe Provinz. **Weizen-** und **Sonnenblumenfelder** prägen die im Sommer ausgedörrte Ebene. Unter den kleinen Provinzstädten sind vor allem das stolz über der Ebene thronende **Carmona** und die Barockperle **Ecija** bemerkenswert.

34 Sevilla

Plan Seite 88

Wer Sevilla nicht gesehen hat, hat noch kein Wunder gesehen.

Sevilla, mit rund 715 000 Einwohnern größte Stadt Andalusiens, ist Sitz der Landesregierung und des Parlaments. Die **größte gotische Kirche der Welt** wurde hier errichtet mit einem Glockenturm, der eigentlich ein maurisches *Minarett* ist, und gleich nebenan vereinigen sich im **Alcázar** christliche und islamische Baukunst zu einem Höhepunkt andalusischen Bauschaffens.

In Sevilla laufen die Fäden der Verwaltung zusammen, hier finden die großen kulturellen Veranstaltungen statt. Zur Expo '92 wurden die Spuren des Verfalls übertüncht, und Hoffnung auf einen wirtschaftlichen Aufschwung kam auf.

Dem Touristen präsentiert sich Sevilla als die *kapriziöse Schöne*, die immer dann zu Hochform aufläuft, wenn Feste zu feiern sind. Pathos durchzieht die Karwoche, und kurze Zeit später entladen sich die aufgestauten Emotionen im Rahmen der **Feria de Abril**.

Kaum eine Stadt hat so oft wie Sevilla als **Opernkulisse** fungiert. Figaro war hier zu Hause, der Barbier von Sevilla, natürlich Don Juan, Erfinder des Machismo, und die glutäugige Carmen, die weibliche Sinnlichkeit und Arroganz gleichermaßen verkörpert. Die Sevillanos agieren wie perfekte Opernstatisten, die es lieben, sich zu zeigen und das Flanieren zur Kunst zu erheben.

◁ *In festlichem Glanz erstrahlt jeden Abend die Giralda, das Wahrzeichen Sevillas*

Geschichte ›Herkules erbaute mich, Cäsar umgab mich mit Wällen und Türmen, König Heilig nahm mich ein.‹ Diese Kurzfassung der Stadtgeschichte liest man über einem der alten Stadttore.

Die Anfänge der Stadt liegen im Bereich der Legenden und Vermutungen. Gesichert ist, dass Cäsar 45 v. Chr. das damalige **Hispalis** zur *Colonia Iulia Romula* erhob und zur Hauptstadt der Provinz *Baetica* machte. Das fünfte nachchristliche Jahrhundert stand im Zeichen der germanischen Stämme, unter denen sich 461 die Westgoten durchsetzten.

712 wurde die Stadt maurisch, und aus dem arabischen Stadtnamen **Ischbiliya** (›die ausgedehnte Stadt‹) entwickelte sich der heutige Name. Sevilla stand zur Zeit der Omaijadenherrschaft im Schatten Córdobas. Erst nach dem Fall des Kalifats entwickelte es sich zur führenden Stadt in Andalusien. Ab 1091 waren die Almoraviden die herrschende Dynastie, sie wurden jedoch bereits 1147 von den Almohaden abgelöst.

1248 eroberte Ferdinand III. der Heilige Sevilla für die Christen zurück, und die Stadt wurde zu einer bevorzugten Residenz der christlichen Könige. Pedro der Grausame ließ im 14. Jh. den Alcázar erneuern und schuf damit ein Meisterwerk des *Mudéjar*-Stils.

Blütezeit der Stadt aber war das **Zeitalter der Entdeckungen**. Mit der Eroberung Amerikas wurde Sevilla Zentrum des Handels mit der Neuen Welt. Über das Monopol wachte die 1503 errichtete *Casa de la Contratación*. Gold und Silber überfluteten Sevilla, das im 16./17. Jh. zu den reichsten Städten der Welt zählte. Doch Mitte des 17. Jh. setzte der Niedergang ein, eingeleitet durch eine Pestepidemie und maßgeblich verursacht durch die Versandung des Hafens. Trotz wirtschaftlicher Probleme erlebte die Stadt eine **kulturelle Blüte**. Auch das spanische Nationalepos ›Don Quijote‹ verfasste Cervantes fernab der *Mancha* in Sevilla, wenn auch unter wenig ruhmreichen Umständen im Gefängnis.

Das Handelsmonopol für den Amerikahandel ging 1717 endgültig an Cádiz über. Von diesem Rückschlag erholte sich Sevilla nur sehr langsam. 1929 machte

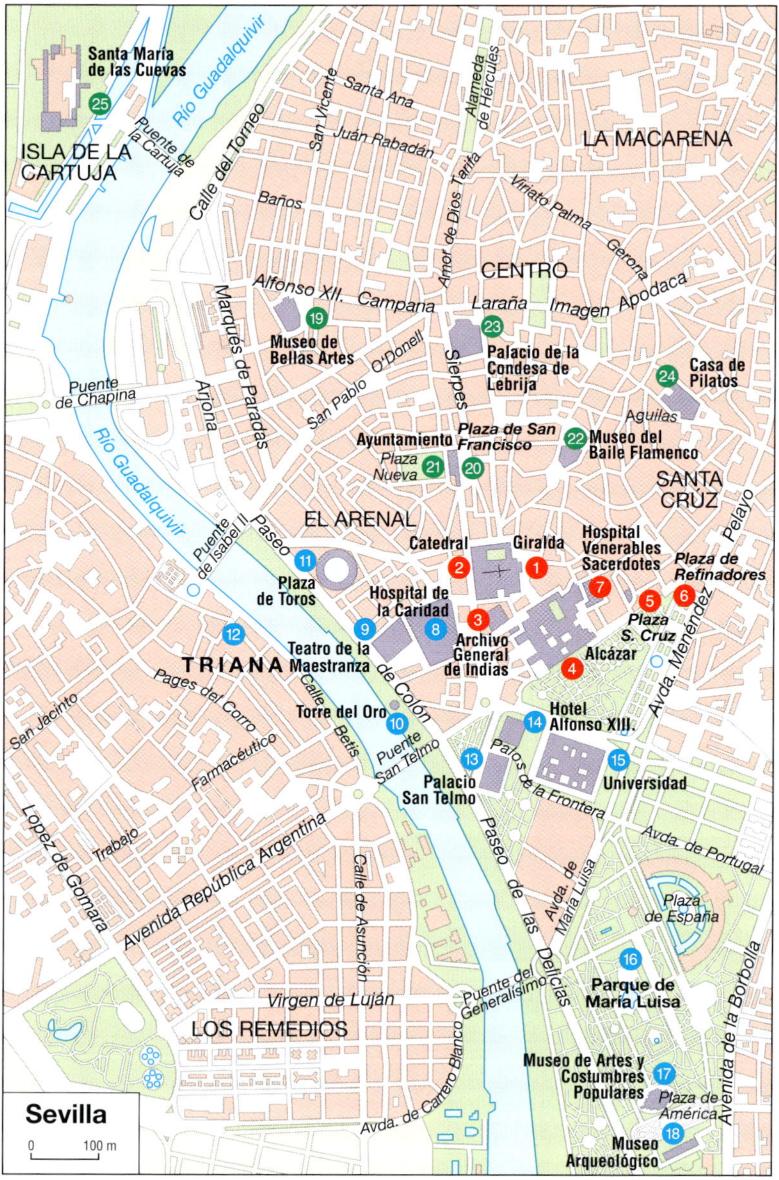

Ausdrucksstark und kunstvoll ist der Bilderreigen des Hochaltars der Capilla Mayor

man mit der Ibero-Amerikanischen Ausstellung von sich reden. 1992 stand Sevilla als Austragungsort der **Expo** im Mittelpunkt des Weltinteresses.

Rundgang 1

Catedral – Alcázar – Santa Cruz

An der *Plaza Virgen de los Reyes* erhebt sich stolz die 95 m hohe **Giralda** 1, einst Minarett der Hauptmoschee der Almohaden, heute Glockenturm der Catedral und **Wahrzeichen Sevillas**. Der quadratische Ziegelstein-Turm, erbaut 1184–96, erinnert mit seinen rautenförmigen *Sebka*-Mustern, den eleganten Zwillingsfenstern und zierlichen Balkonen an marokkanische Minarette. Erst 1568 beauftragte man Hernán Ruiz mit dem Bau des Glockenturmaufsatzes, der bekrönt wird von einer 4 m hohen **weiblichen Figur**, die den Glauben verkörpert. Sie dreht sich wie eine Wetterfahne, und diese Eigenschaft (*girar* = drehen) zeichnet verantwortlich für den Namen ›Giralda‹.

TOP TIPP In 76 m Höhe befindet sich die **Galerie der Giralda** (Öffnungszeiten wie Catedral), zu der eine breite Rampe emporführt. Bei guter Sicht bietet sich ein traumhafter Blick über weite Teile der Stadt.

TOP TIPP Neben der Giralda befindet sich der Haupteingang der **Catedral** 2 (http://catedraldesevilla.es, Sept.–Juni Mo–Sa 11–17, So/Fei 14.30–18, Juli/Aug. Mo–Sa 9.30–16, So/Fei 14.30–18 Uhr, der Ticketschalter schließt jew. 1 Std. vorher), der zunächst in den Orangenhof, den **Patio de los Naranjos [A]** führt. Dieser ist ebenfalls ein Relikt der 1172 errichteten Almohadenmoschee und diente als Platz für die im Koran vorgeschriebenen rituellen Waschungen. Rechts neben dem Eingang, im Osten des Orangenhofes, liegt die **Biblioteca Colombina [B]**. Auf der gegenüberliegenden Seite befindet sich die **Capilla del Sagrario [C]**. Die prächtig verzierte **Puerta del Perdón [D]** durchbricht die Arkaden im Norden.

Die **Puerta del Lagarto [E]** führt in den Kirchenraum. Nach der Reconquista hatte man zunächst die Moschee für den Gottesdienst umgestaltet. Nach massiven Zerstörungen durch ein Erdbeben entschloss man sich 1402 zum Bau der monu-

Personifizierungen der Königreiche als Sargträger am Grabmal des Kolumbus in der Kathedrale

mentalen Catedral, die laut Aussage des Domkapitels so groß sein sollte, »dass sie uns für verrückt erklären«. Bis 1506 war das Werk nahezu vollendet, und die hohen Erwartungen wurden erfüllt. Entstanden war die größte gotische Kirche der Welt, deren rechteckiger Grundriss noch immer die Moschee erkennen lässt.

Der düstere fünfschiffige **Innenraum** ist gewaltig dimensioniert (116 m lang, 75 m breit) und ausgeschmückt mit unzähligen Kunstwerken.

Catedral

A Patio de los Naranjos
B Biblioteca Colombina
C Capilla del Sagrario
D Puerta del Perdón
E Puerta del Lagarto
F Chor
G Capilla Mayor
H Capilla Real
I Sala Capitular
K Sacristía Mayor
L Sacristía de los Cálices
M Puerta de la Lonja

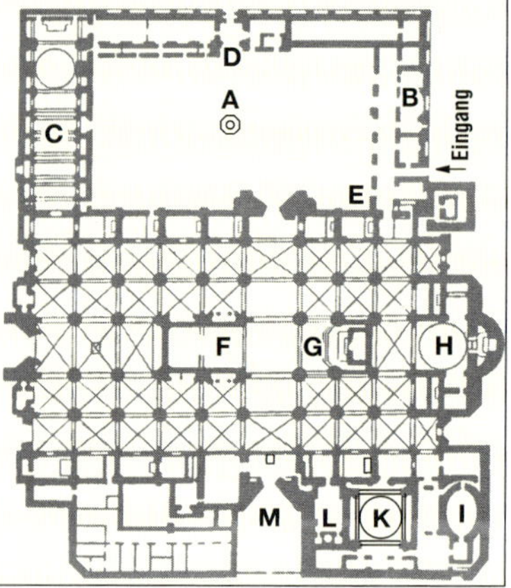

Wie in fast allen spanischen Kathedralen liegen **Chor [F]** und Hauptaltar einander gegenüber im Zentrum der Kirche. In der **Capilla Mayor [G]** schmückt den Hauptaltar das zwischen 1482 und 1564 entstandene größte *Retabel* der Welt, das nach Entwürfen des Flamen Pieter Dancart von verschiedenen Meistern ausgeführt wurde. Das Zentrum bildet die versilberte Figur *Virgen de la Sede*, die von 45 holzgeschnitzten Darstellungen aus dem Leben Christi und Mariens umgeben ist.

Hinter der *Capilla Mayor* liegt die **Capilla Real [H]**, ein prächtiger Renaissancebau, der Mitte des 16. Jh. angefügt wurde. Er steht im Zeichen Ferdinands III. des Heiligen, der Sevilla 1248 den Mauren entriss. Vor dem *Retablo* erscheint die Schutzheilige Sevillas, die *Virgen de los Reyes* (13. Jh.). Davor steht der Reliquienschrein mit dem angeblich nicht verwesten Leichnam Ferdinands. Rechts und links von ihm ruhen seine Gattin Beatrix von Schwaben und beider Sohn Alfons X. der Weise. In der **Krypta** ruht Pedro I. der Grausame, Erbauer des *Alcázar*.

Beim weiteren Umschreiten des Innenraums gelangt man zu den Räumen der Südseite, die ebenfalls im 16. Jh. angebaut wurden. Darunter befinden sich die **Sala Capitular [I]** auf ovalem Grundriss und die prunkvolle **Sacristía Mayor [K]** mit der 3 m hohen Silbermonstranz von Juan de Arfe (16. Jh.) und einigen ausgezeichneten Werken von Murillo und Zurbarán. Die angrenzenden Räume bergen den *Kirchenschatz*.

In der **Sacristía de los Cálices [L]** beeindrucken Goyas Version der Stadtheiligen ›Hl. Justa und hl. Rufina‹ und das großartige Kruzifix von Martínez Montañés, eines der Hauptwerke der spanischen Barockschnitzkunst.

Das monumentalste Grabmal der Kathedrale ist nicht einem König, sondern einem Seefahrer geweiht. Vor der an der Südfront eingelassenen **Puerta de la Lonja [M]** tragen vier steinerne Herren, die die Königreiche Kastilien, León, Navarra und Aragón repräsentieren, das 1902 fertig gestellte **Grabmal des Cristóbal Colón**. Kolumbus, der ›Entdecker Amerikas‹, war 1506 in Valladolid gestorben. Seine Gebeine wurden in das Kartäuserkloster von Sevilla überführt, dann jedoch weiter über San Salvador nach Havanna gebracht. Erst 1898, nach der Unabhängigkeit Kubas, kam der Leichnam zurück ins Mutterland. Ein nationaler Schrein erster Güte entstand in der Kathedrale von Se-

Kaum findet die Prozession zur Semana Santa einen Weg über die Plaza San Francisco

Semana Santa – im Zeichen des Madonnenkultes

Ganz Andalusien steht in der Karwoche von Palmsonntag bis Ostersonntag Kopf. Nirgendwo wird jedoch so ausgiebig und intensiv gefeiert wie in Sevilla. In den Gassen herrscht während der ›Heiligen Woche‹ ein unbeschreibliches Gedränge. Die Prozessionszüge werden von religiösen Bruderschaften, den **Cofradías**, organisiert. In Sevilla gibt es davon 80, die im Schnitt um die 500 Mitglieder haben. Das ganze Jahr über arbeitet und lebt man auf das große Ereignis, die **Semana Santa**, hin.

Ganz oben auf der Beliebtheitsskala steht bei den Sevillanern der Prozessionszug der **Schutzpatronin Macarena**. Er beginnt am Gründonnerstag um 2 Uhr nachts. Zunächst wird die Christusstatue umgeben von ›römischen Soldaten‹ aus der Kirche getragen. Der höchste Grad der Anspannung löst sich jedoch erst, wenn die **Madonna** auf ihrem tonnenschweren Tragegestell, **Paso**, unversehrt aus der Kirche heraustritt. Es herrscht eine unbeschreibliche Stille in der Menge, die schlagartig von einer **Saeta**, einem gesungenen Gebet abgelöst wird, das das Leid der Gottesmutter beklagt. Die Madonna wird mit Komplimenten überschüttet, darunter auch unpassende wie: »Neben dir sind alle anderen Madonnen Sevillas nur Huren«. Allmählich setzt sich der Prozessionszug in Bewegung. Im Gefolge sind die Büßer, die **Nazarenos**, die in ihrer Gewandung Mitgliedern des Ku-Klux-Klan ähneln. Als Zeichen ihrer Buße gehen sie barfuß und tragen Kreuze auf dem Rücken. Begleitet wird das Ganze von festlicher Marschmusik.

Es handelt sich jedoch keinesfalls nur um ein ernstes, getragenes Fest. Die Andalusier verstehen es auf ihre ganz eigene Weise, ihre ›volkstümliche Frömmigkeit‹ mit **fröhlichem Feiern** zu verbinden.

villa. Die Frage, ob hier tatsächlich die Original-Gebeine des Kolumbus ruhen oder diese im Laufe ihrer 400-jährigen Odyssee irgendwo auf der Strecke blieben, bleibt jedoch ein Rätsel der Geschichte.

Nach dem Verlassen der Catedral wendet man sich nach rechts zur *Plaza del Triunfo*. Hier fällt das Auge auf den strengen rechteckigen Renaissancebau der *Casa Lonja*, der ehem. Börse. Nachdem die Börse 1717 nach Cádiz verlegt worden war, brachte man hier das **Archivo General de Indias** 3 (Indien-Archiv, Tel. 954 21 12 34, Mo–Sa 10–16, So 10–14 Uhr) unter. Es enthält Tausende interessanter Dokumente zur spanischen *Conquista*, zur Entdeckung und Kolonialisierung der Neuen Welt.

Schweigsam und verhüllt ziehen die Büßer während der Karwoche durch die Straßen

Im Süden des Platzes liegt der Eingang zu den *Reales Alcázares*, dem **Alcázar** 4 (www.patronato-alcazarsevilla.es, April–Sept. Di–Sa 9.30–20, So 9.30–18 Uhr, Okt.–März Di–Sa 9.30–18, So 9.30–14.30 Uhr). Auf der Basis älterer Bauten entstand die Palastburg der Almohaden, die nach der *Reconquista* Residenz der christlichen Könige wurde. Der Ausbau des Palastes wurde vor allem unter der Herrschaft Pedros I. des Grausamen im 14. Jh. vorangetrieben, der einen Liebeshort für sich und seine Geliebte Maria de Padilla bauen wollte. Zur Zeit der Renaissance wurde der Palast erweitert und im 19. Jh. – nicht immer historisch korrekt – restauriert.

Den Eingang zum Palastkomplex markiert die *Puerta de la León*. Vom dahinter liegenden **Patio de la Montería** gelangt man links über die aus der Zeit Alfonso X. stammende *Sala de la Justicia* zum **Patio del Yeso** (Gipshof), der aus der Almohadenzeit übrig blieb, allerdings selten zugänglich ist. Vom **Patio del León** blickt man auf die zweistöckige Fassade des 1364 unter Pedro begonnenen Palastes. Der König beschäftigte maurische Handwerker aus Toledo und Granada, die sich am Vorbild der Alhambra orientierten, den orientalischen Traum eines christlichen Herrschers verwirklichten und ein Meisterwerk des *Mudéjar*-Stils schufen.

Bevor man den eigentlichen Palast betritt, sollte man einen Blick in die rechter Hand gelegene **Sala de los Almirantes** werfen, wo Isabella 1503 die *Casa de la Contratación*, zuständig für die Verwaltung der Handelsverbindungen mit der neuen Welt, begründet hatte.

An den Saal wurde eine Kapelle angebaut. Den Hochaltar schmückt die **Virgen de los Navegantes**, die Patronin der Seefahrer. Sie wurde 1531–36 von Alejo Fernández als eine liebliche Jungfrau geschaffen, die ihren Schutzmantel über Karl V. sowie über Kolumbus und andere Seefahrer ausbreitet.

Zwei Höfe markieren die verschiedenen Palastbereiche. Um den **Patio de las Doncellas** konzentriert sich der offizielle Bereich, der **Patio de las Muñecas** dage-

Gleich dem Himmelsgewölbe überspannt die hölzerne Kuppel die Sala de Embajadores

Einladende Ruhe und Beschaulichkeit vermitteln die herrlichen Gärten des Alcázar

gen war Zentrum der Privatgemächer. Der Doncellas-Hof mit seinen Zackenbögen über den eleganten Zwillingssäulen aus Marmor, den fantasievollen Stuckarbeiten und farbenprächtigen *Azulejos* stammt aus maurischer Zeit. Das obere Stockwerk, das die Architekturharmonie erheblich beeinträchtigt, wurde im 16. Jh. aufgepfropft. Der Hof führt rechts direkt in den prächtigsten Raum des Palastes, die **Sala de Embajadores**, ein Juwel mudéjarer Baukunst. Kunstvolle Fliesenteppiche, polychromierte und vergoldete Stuckarbeiten, arabische Ornamentik und Kalligrafie schmücken die Wände aus Lärchenholz bis zum Kuppelgewölbe. Christliche Symbole wie die Jakobsmuschel ergänzen jene der islamischen Welt. Kein Wunder, dass Karl V. allein diesen Raum für seine Vermählung mit Isabella von Portugal als würdig empfand.

Durch Hufeisenbögen gelangt man in die Nebenräume, darunter den **Salón del Techo de Felipe II.**, benannt nach seiner kunstvollen Artesonado-Decke aus der Zeit Philipps II.

Deutlich intimer wirken die Privatgemächer. Ihr Zentrum ist der *Patio de las Muñecas*, der Puppenhof, dessen Name sich auf winzige Puppengesichter in den Arkadenzwickeln bezieht. Säulen und Kapitelle stammen zum Teil aus Medina Azahara [Nr. 33].

Das obere Stockwerk des Palastes mit den Repräsentationsräumen der spanischen Königsfamilie ist nur in deren Abwesenheit und mit eingeschränkten Öffnungszeiten zugänglich.

Vom südlich angrenzenden *Patio de la Montería* aus kann man anschließend den **Palacio Carlos V.** mit seinen nüchternen Renaissance-Räumen besuchen, in denen das Wappen des Kaisers, die Säulen des Herkules, verbunden durch das Schriftband mit dem Wahlspruch *›Plus ultra‹*, allgegenwärtig ist. Sehenswert sind die zwölf Wandteppiche (historische Kopien), die im 18. Jh. im Auftrag von Philipp V. gewebt wurden und an den Tunesien-Feldzug Kaiser Karls erinnern.

Die Kunstwerke des Palastes finden eine großartige Ergänzung in den **Gärten**, die eine Verschmelzung der Gartenbaukunst aus maurischer Zeit, aus Renaissance und Moderne verkörpern. Plätscherndes Wasser, höchstes Gut jedes andalusischen Gartens, der schwere Duft von Orangenbäumen, Zedern, Zypressen, Magnolien und anderen exotischen Gewächsen, beleben die Sinne.

Ein Hauch von Venedig umgibt die hübsche, halbkreisförmige Plaza de España mit ihren Kanälen und azulejogeschmückten Brücken ▷

Östlich vom Alcázar beginnt die *Judería*, das alte Judenviertel, heute bekannt als **Barrio de Santa Cruz**. Vom *Patio de las Banderas* im Osten des *Alcázar* aus führt ein schmaler Eingang in das Gewirr der engen Gassen.

Nach der Rückeroberung durch Ferdinand III. wurde das ehemals maurische Viertel den von Ferdinand hoch geschätzten Juden überlassen. Sie lebten hier, bis 1391 der Antisemitismus die Stadt erreichte und der Pöbel, aufgehetzt durch die Predigten eines fanatischen christlichen Geistlichen, das Viertel stürmte, plünderte und viele Bewohner tötete. 100 Jahre vor ihrer endgültigen Vertreibung aus Spanien war das Ende der Juden in Sevilla gekommen. Die Synagogen wurden in christliche Kirchen verwandelt. Der Charakter des Viertels veränderte sich im Laufe der folgenden Jahrhunderte. Restaurierungen auch im 20. Jh. machten Santa Cruz zu dem **Schmuckstück**, das es heute ist, ein Flanierviertel mit hübschen Bars, Restaurants und kunstgewerblichen Läden, das jedoch wenig mit dem historischen Judenviertel gemeinsam hat.

An der **Plaza Santa Cruz** 5 stand früher eine gleichnamige Kirche, in der Murillo 1682 seine letzte Ruhestätte fand. Nach ihrem Abriss bestattete man den Künstler unter dem Platz.

Ein kurzer Abstecher führt zur **Plaza de Refinadores** 6, wo man *Don Juan* ein Denkmal gesetzt hat, dem Sevillaner Playboy, der im Drama von Tirso de Molina Weltruhm erlangte.

Das **Hospital Venerables Sacerdotes** 7 an der gleichnamigen Plaza wurde 1675 als Altenheim für Priester gegründet. Heute liefert das barocke Gebäude einen stimmungsvollen Rahmen für wechselnde *Ausstellungen* (Mo–So 10–14 und 16–20 Uhr). Rings um die nahe Plaza Doña Elvira laden mehrere *Tapas*-Bars zu einer kulinarischen Siesta ein.

Rundgang 2

La Caridad – Torre del Oro – Parque de María Luisa

Westlich der Avenida de la Constitución erstreckt sich bis zum Guadalquivir das Stadtviertel El Arenal. Hier wurde das **Hospital de la Caridad** 8 im 17. Jh., einer Zeit wirtschaftlicher Rezession und religiöser Rückbesinnung, von der Bruderschaft der Barmherzigkeit erbaut. Einem wohlhabenden Mitglied des Ordens war es zu verdanken, dass mit Murillo und Valdés Leal zwei der berühmtesten Maler ihrer Zeit für die Ausgestaltung (1667–72) verpflichtet wurden. So kommt es, dass die *Caridad* heute nach dem *Museo de las Bellas Artes* (s. u.) die bedeutendste **Gemäldesammlung** (Tel. 954 22 32 32, Mo–Sa 9–13.30 und 15.30–19.30, So 9–13 Uhr) der Stadt beherbergt. Das Programm der Gemälde beginnt mit dem Bilderzyklus von Valdés Leal, Allegorien zum Thema ›Vergänglichkeit des menschlichen Daseins‹. Sein krasser Realismus brachte ihm den Ruf eines ›Verwesungsmalers‹ ein. Es folgen eine Serie von Werken Murillos zum Thema Barmherzigkeit und ein anrührendes Retablo von Pedro Roldán.

Vorbei am **Teatro de la Maestranza** 9, fertig gestellt zur Expo '92, gelangt man zum Guadalquivir. Eines der ältesten Monumente der Stadt ist am Flussufer der

Torre del Oro ⑩, dessen Name wohl auf das ursprünglich mit Gold-*Azulejos* gedeckte Dach zurückgeht. 1220 unter den Almohaden als Wachturm erbaut, diente er später als Schatzhaus und Gefängnis. Heute ist hier das **Museo Naval** (Di–Fr 10–14, Sa/So 11–14 Uhr) untergebracht, das an das Zeitalter der Entdeckungen erinnert, als die Lastensegler mit Gold, Silber, Edelhölzern und Gewürzen beladen unweit des Turmes anlegten.

Vom ›Goldturm‹ kann man nordwärts ein Stück auf der Uferpromenade des *Paseo de Colón* mit seinen schönen Cafés entlangbummeln und einen Abstecher zur Stierkampfarena, der **Plaza de Toros** ⑪ – ebenfalls *La Maestranza* genannt – machen. Die Arena von Sevilla mit dem angegliederten **Museo Taurino** (www.realmaestranza.com, tgl. 9–20 Uhr) ist eine der schönsten und ältesten des Landes.

Auf der anderen Seite des Flusses liegt der Stadtteil **Triana** ⑫. Das frühere Viertel der Seeleute und Töpfer ist heute ein ausgesprochen bürgerliches Wohnquartier. Abends allerdings verwandelt sich die *Calle Betis* in eine **Flaniermeile** mit guten Restaurants und Bars und vor allem einem unvergleichlichen Blick auf die beleuchtete Stadt.

Wieder zurück in *El Arenal* kann man den *Paseo de Colón* südwärts schlendern. Man kommt vorbei am **Palacio San Telmo** ⑬, einem schönen Barockpalast, der als Seefahrerschule gegründet wurde, und heute Amtssitz des Präsidenten von Andalusien ist. Weiter geht es zu dem 1929 zur Ibero-Amerikanischen Ausstellung erbauten, noblen **Hotel Alfonso XIII.** ⑭ (s. u.). Östlich davon gelangt man zur legendären *Tabakfabrik*, einem der größten Profangebäude Spaniens, in dem heute die **Universidad** ⑮ untergebracht ist. Verewigt wurde der Fabrikpalast durch Prosper Merimée und Georges Bizet als Schauplatz ihrer Oper ›Carmen‹.

Über die Avenida del Cid erreicht man den **Parque de María Luisa** ⑯, eine Oase inmitten der Großstadt. Er wurde benannt nach der Schwester von Königin Isabella II., die die Anlage der Öffentlichkeit zugänglich machte. Besonders an den Wochenenden, wenn zahlreiche sevillanische Familien unterwegs sind, ist die Parkanlage wunderbar zum **Flanieren** geeignet.

Das Gelände wurde anlässlich der Ibero-Amerikanischen Ausstellung 1929 umgestaltet und verfügt heute mit der **Plaza de España** und der **Plaza de América** über zwei markante Plätze. Der Spanische Platz mit dem *Palacio de España* mischt neomaurische Elemente mit anderen historischen Baustilen. *Azulejo*-Darstellungen aller 50 spanischen Provinzen fügen sich harmonisch ein.

Der Amerikanische Platz beherbergt zwei Museen. Im **Museo de Artes y Costumbres Populares** 17 (Tel. 954 71 23 91, Di 14.30–20.30, Mi–Sa 9–20.30, So 9–14.30 Uhr) werden Trachten, Möbel und Gerätschaften der Region präsentiert. Der Schwerpunkt des **Museo Arqueológico** 18 (Tel. 954 23 24 01, Di 14.30–20.30, Mi–Sa 9–20.30, So 9–14.30 Uhr) liegt auf Exponaten aus der nahen Römerstadt Itálica [Nr. 35]. Prunkstück aber sind die **Goldschätze** von Carambolo und Sanlúcar de Barrameda [Nr. 46] aus dem 8. Jh. v. Chr.

Rundgang 3

Museo de las Bellas Artes – Casa de Pilatos – Calle Sierpes

Die wichtigste **Gemäldesammlung** Spaniens nach dem Madrider Prado ist das **Museo de Bellas Artes** 19 (Tel. 954 78 64 82, Di 14.30–20.30, Mi–Sa 9–20.30, So 9–14.30 Uhr), Museum der Schönen Künste. Das im 13. Jh. gegründete, im 17. Jh. umgestaltete Konvent der *Merced Calzada* mit seinen schönen Räumen und stimmungsvollen *Patios* bildet einen idealen Rahmen für die hochkarätigen Kunstwerke. Der deutliche Akzent der Sammlung liegt auf der Sevillaner Schule des 17. Jh., dem **Siglo de Oro**, Goldenen Zeitalter, der andalusischen Malerei. Juan de Mesa und Martínez Montañés als bekannteste Vertreter der Sevillaner **Bildhauerkunst** dürfen in der Sammlung ebenfalls nicht fehlen.

Top Tipp

Als makaber empfanden seine Zeitgenossen die Bilder des großartigen Valdés Leal

Die Malerschule von Sevilla im Goldenen Zeitalter

Das 17. Jh. ist in Spanien als **Siglo de Oro**, Goldenes Zeitalter, in die Geschichte eingegangen. Das Land erlebte eine grandiose Blüte in Kunst und Literatur. Sevilla, reich geworden durch das Handelsmonopol für die überseeischen Kolonien, galt damals als eine der führenden Kunstmetropolen Spaniens.

Im Jahr 1623 berief Philip IV. den gebürtigen Sevillaner Diego Velázquez (1599–1660) zum Hofmaler. Als Künstler wurde er unsterblich durch seine minutiös ausgeführten, lebensnahen Porträts der Königsfamilie, die in Madrid im Prado zu sehen sind.

Sein Studienkollege, der vielseitige Granadiner **Alonso Cano** (1601–1667), war gleichermaßen als Maler, Architekt und Bildhauer tätig, wurde aber vor allem durch seine zierlichen Madonnenstatuen berühmt.

Der gebürtige Extremeño **Francisco de Zurbarán** (1598–1664) schuf im Auftrag der sevillanischen Klöster seine berühmten Mönchsserien. Gekonnt ist seine Lichtführung, brillant verstand er es, die unterschiedlichen Stoffe der Gewänder auf die Leinwand zu bringen.

Im Laufe der Jahre verlor Zurbarán an Ansehen gegenüber seinem jüngeren Malerkollegen **Bartolomé Esteban Murillo** (1617–1682). Ab Mitte des 17. Jh. war Murillo unumstritten der gefragteste Künstler Sevillas.

Im starken Kontrast dazu steht das Œuvre von **Juan de Nisa Valdés Leal** (1622–1690), der sich realitätsnah und eindringlich mit dem Thema der Vergänglichkeit auseinandersetzte.

Vor allem eindrucksvolle Gemälde bietet das Museo de Artes y Costumbres Populares **(oben)**, *klassische Schönheiten anderer Art sind in der Casa de Pilatos zu bewundern* **(unten)**

Man passiert nun die attraktive Haupteinkaufsstraße **Calle Sierpes**, die ›gute Stube‹ Sevillas, die im Sommer durch ausgespannte Sonnensegel geradezu Bazarcharakter erhält. Die *Sierpes* endet an der **Plaza de San Francisco** 20. Auf dem traditionsreichen Platz, über den in der Karwoche die Semana-Santa-Prozessionen führen, wurden während der Inquisition die Scheiterhaufen für die Ketzer errichtet. Hier liegt das **Ayuntamiento** 21, das Rathaus. Der Renaissancebau des 16. Jh. zeigt zur Plaza hin eine prächtige Fassade mit plattereskem Schmuck. Wenige Schritte östlich, in der Calle Manuel Rojas Marcos, 3, lädt das **Museo de Baile Flamenco** 22 (Tel. 954340511, www.flamencomuseum.com, tgl. 9–19 Uhr) zu einer mitreißenden multimedialen Zeitreise von den Ursprüngen bis zur heutigen Interpretation des Flamencos ein. Unter der Schirmherrschaft der berühmten Tänzerin und Choreografin Cristina Hoyos wird das Museum außerdem regelmäßig zum Schauplatz hochkarätiger Flamenco-Darbietungen.

Ein Abstecher führt zum **Palacio de la Condesa de Lebrija** 23 (Tel. 954218183, www.palaciodelebrija.com, Mo–Fr 10.30–13 und 16.30–19, Sa 10–13 Uhr) aus dem 16. Jh. in der Calle Cuna, berühmt für seine antiken Mosaiken aus Itálica [Nr. 35].

Andalusische Seele

Flamenco hat nichts mit Folklore zu tun und wenig mit dem, was an Gefälligem auf den Bühnen der Touristenzentren präsentiert wird.

Der **Cante jondo**, der tiefe Gesang, die Seele des Flamenco, entstand aus dem Zusammentreffen verschiedener Kulturen im Süden der Iberischen Halbinsel: Arabische Trauergesänge mischten sich mit liturgischem Ritual aus Byzanz und altspanischem Liedgut, vor allem aber trugen die Zigeuner ihre musikalische Tradition bei. Bis ins 20. Jh. blieb der Flamenco im Wesentlichen eine Ausdrucksform der Zigeuner, und auch heute noch sind die meisten großen Flamenco-Künstler **Gitanos**.

Am Anfang stand der Gesang, der zunächst einmal für mitteleuropäische Ohren fremdartig klingt. Das sind keine heiteren, beschwingten Gesänge, Trauer und Verzweiflung werden mit kehliger Stimme herausgeschrien! Stolz und Wut verschmelzen im begleitenden Gestampfe der Absätze. Tanz und Gitarrenmusik untermalen den Gesang, verleihen ihm nicht zuletzt Bühnenwirksamkeit.

Bis heute sind es nicht allein ausgefeilte Technik, Eleganz oder gar Schönheit, die den Kenner zum Aufhorchen bringen. Der **Duende**, der Dämon, muss Besitz vom Künstler ergreifen, nur dann kann der Funke überspringen.

Die **Tablaos**, die Flamenco-Lokale, in Sevilla und Granada garantieren in der Mehrzahl gute Shows mit technisch ausgesprochen versierten Künstlern. Aber den wahren Flamenco kann man nicht buchen, man kann ihn nur finden. Vielleicht dort, wo eine Gruppe von Gleichgesinnten zusammentrifft, die spontan etwas entstehen lässt und die Trennung zwischen Künstler und Publikum aufhebt. In seinem Kern ist der Flamenco eine intime, verletzliche Kunst geblieben, die zu ihrer Entfaltung die **Inspiration des Moments** verlangt – und somit eigentlich ungeeignet ist für ein Massenpublikum.

Über die Plaza Alfalfa gelangt man schließlich zur **Casa de Pilatos** 24 (Tel. 954 22 52 98, tgl. 9–18 Uhr), dem schönsten Stadtpalast nach dem *Alcázar*. Er befindet sich im Besitz der Familie Medinaceli. Ein **Rundgang** führt durch mehrere kleine Räume, die Hauskapelle und zwei Gärten. Das obere Stockwerk mit einer Sammlung von Mobiliar und Kunsthandwerk ist nur in Abwesenheit der Familie zu besichtigen. Der Oberstatthalter von Sevilla, Don Pedro Enríquez, begann 1483 mit den Bauarbeiten an dem Palast, sein Sohn ließ ihn vollenden. Bauformen der Spätgotik und der Renaissance harmonieren hier mit mudéjarem Dekor und antiken Ausstellungsstücken. Zentrum des Palastes ist der *Patio*. Der Arkadengang mit Gipsarbeiten und *Azulejos* erinnern an den *Alcázar*. Einzigartig ist der **Skulpturenschmuck**: 24 Büsten von Kaisern und anderen historischen Persönlichkeiten aus römischer Zeit sind in die Nischen über dem *Azulejo*-Sockel eingelassen. Delfine tragen die Brunnenschale aus dem 16. Jh., die von einem Janus-Kopf bekrönt wird. Die Ecken schmücken prunkvolle Statuen, darunter zwei Minerva-Figuren, Kopien der berühmten Athena des Phidias.

Ein Abstecher führt zum **Expo-Gelände** von 1992 auf einer künstlichen Insel, der Isla de la Cartuja, im Fluss. Zu besichtigen ist das Zentrum der Anlage, das Kartäuserkloster **Santa María de las Cuevas** 25, *La Cartuja* genannt. Kolumbus war häufiger Gast in dem 1399 gegründeten Kloster und bereitete hier seine zweite Reise in die Neue Welt vor. Nach der Säkularisierung 1836 dienten die Räumlichkeiten bis 1982 als Keramikfabrik, von der noch die Schornsteine zeugen. Zur Expo wurde das Kloster restauriert und in ein ›historisches Monument‹ umgewandelt. Angeschlossen ist ein Zentrum für zeitgenössische Kunst, das **Centro Andaluz de Arte Contemporánea** (Tel. 955 03 70 70, www.caac.es, Di–Fr 10–20, Sa 11–20, So 10–15 Uhr), das neben einer eigenen Sammlung – von Candida Höfer bis Pablo Palazuelo – häufig auch interessante Sonderausstellungen zeigt.

Die **Isla Mágica** (Tel. 902 16 17 16, www.islamagica.es, ab 11 Uhr) ist ein moderner Vergnügungs- und Themenpark mit Achterbahn und Wildwasserfahrt, der getreulich dem Disney-Konzept folgt. Thematische Schwerpunkte der Attraktionen sind das Zeitalter der Entdeckungen, die Neue Welt und Sevilla im 16. Jh.

In der Arena werden sie zu Helden, und ihre Bilder schmücken die Bars der Stadt

i Praktische Hinweise

Information

Oficinas de Turismo de Sevilla, Avda. de la Constitución, 21 B, Tel. 954 78 75 78, Fax 954 78 75 79 – c/ Arjona, 28 (Naves del Barranco), Tel. 902 19 48 97, Fax 954 22 95 66, www.turismo.sevilla.org

Für den feinen Geschmack der Gäste ist im Alabardero das Beste gerade gut genug

Hotels

*****Alfonso XIII.**, c/ San Fernando, 2, Tel. 954 91 70 00, Fax 954 91 70 01, www.hotel-alfonsoxiii.com. Wahrhaft königlich – ein Stadtpalast im andalusischen Stil mit Swimmigpool und Park.

TOP TIPP *****El Bulli Hacienda Benazuza**, c/ Virgen de las Nieves, s/n, Sanlúcar la Mayor (ca 12 km westlich von Sevilla), Tel. 955 70 33 44, Fax 955 70 34 10, www.elbullihotel.com. Ein alter Gutshof wurde umgestaltet zu einem andalusischen Traum. In etwa 15 Min. über die Autobahn von Sevilla erreichbar.

****Las Casas de la Judería**, Plaza Santa María la Blanca/Callejón de dos Hermanas, 7, Sevilla, Tel. 954 41 51 50, Fax 954 42 21 70, www.casasypalacios.com. Gemütliches Hotel mit Patio mitten im Viertel Santa Cruz.

****Las Casas del Rey de Baeza**, Santiago/Plaza de Cristo de la Redención, 2, Sevilla, Tel. 954 56 14 96, Fax 954 56 14 41, www.hospes.es. Eine Oase der Ruhe; Gebäude des 18. Jh. umgeben zwei kühle Patios.

****Taberna del Alabardero**, c/ Zaragoza, 20, Sevilla, Tel. 954 56 06 37, Fax 954 56 36 66, www.tabernadelalabardero.com. Kleinod nahe der Plaza Nueva; nette Bar, exquisites Restaurant mit Kochschule. Nur wenige Gästezimmer, daher ist Reservierung unerlässlich.

***Amadeus Sevilla**, c/ Farnesio, 6, Sevilla, Tel. 954 50 14 43, Fax 9 54 50 00 19, www.hotelamadeussevilla.com. Klein, aber sehr fein. Schönes Ambiente und Sonnenterrasse mit Ausblick.

Murillo, c/ Lope de Rueda, 7–9, Sevilla, Tel. 954 21 60 95, Fax 954 21 96 16, www.hotelmurillo.com. Relativ günstiges Hotel im altspanischen Stil im Santa Cruz Viertel.

Restaurants

Casa Robles, c/ Alvarez Quintero, 58, Sevilla, Tel. 954 56 32 72. Beliebtes Restaurant mit feiner andalusischer Küche.

Restaurante Modesto, c/ Cano y Cueto, 5, Sevilla, Tel. 954 41 68 11, www.modestorestaurantes.com. Leckeres Essen, erstaunlich günstig und sehr beliebt.

TOP TIPP **El Burladero**, im Hotel Melia Colón, c/ Canalejas, 1, Sevilla, Tel. 954 50 55 99. Hier speist man ausgezeichnet in noblem Ambiente, oft unter Stierkämpfern und ihren Fans.

Die Restaurants in der **Calle Betis** (Triana Viertel) sind meist auf Fischgerichte spezialisiert. Gehobenes Preisniveau. Sehr günstig isst man in den Lokalen der Gral. Polavieja, nahe der Plaza Nueva.

◁ Sevillas Straßen sind stets voller Leben, nicht nur die geschäftige Sierpes ***(oben)****. Da werden Flamenco-Figuren vorgeführt* ***(Mitte rechts)****, in der Altstadt lockt der Flohmarkt* ***(Mitte links)*** *und am 16. Mai gehört die Nacht den ausgelassenen Studenten* ***(unten)***

Bars

TOP TIPP **Bodega Hermanos Morales**, c/ García de Vinuesa, s/n, Sevilla. Urige alte *Bodega* mit Sherry und Wein vom Fass im Herzen des Ausgehviertels *El Arenal*.

Casa Roman, Plaza de los Venerables, 1, Sevilla. Eine Institution im Santa Cruz Viertel. Hier kehrt man gern ein zu Schinken und Fino.

La Giralda, c/ Mateos Gago, 1, Sevilla. Sehr gute *Tapas*, aber immer gnadenlos voll.

Perejil, beim Hotel Don Paco, Plaza de Jerónimo de Córdoba, Sevilla. Wenn man Glück hat, singt der Chef des Hauses zu vorgerückter Stunde Flamenco, der unter die Haut geht.

Flamenco

El Arenal, c/ Rodo, 7, Sevilla, Tel. 954 21 64 92. Vorstellungen tgl. 20.30 und 22.30 Uhr (mit Restaurant).

Los Gallos, Plaza de Santa Cruz, 11, Sevilla, Tel. 954 21 69 81. Vorstellungen tgl. 20 und 22.30 Uhr.

35 Itálica

Heute ein Ruinenfeld, doch einst Geburtsstadt von Kaisern.

Etwa 8 km nordwestlich von Sevilla [Nr. 34] liegen die Ruinen der Römerstadt Itálica (Tel. 955 99 73 76, April–Sept. Di–Sa 8.30–20.30, So 9–15 Uhr, Okt.–März Di–Sa 9–17, So 10–16 Uhr). Als **Veteranenstadt** wurde der Ort 205 v. Chr., im Zweiten Punischen Krieg, von Scipio Africanus d. Ä. gegründet. Unter Augustus war sie bereits zum ›municipium‹ gewachsen. Die **Blütezeit** der Stadt begann im 1. Jh. n. Chr., als hier mit Trajan und Hadrian zwei spätere römische Kaiser geboren wurden. Unter den Westgoten vernachlässigt, wurde Itálica in maurischer Zeit ganz verlassen und diente den Bewohnern der Umgebung fortan als **Steinbruch**. Ausgrabungen begannen im 18. Jh. Ab dem frühen 20. Jh. wurden sie systematisch vorangetrieben.

Die Fundamente einiger Gebäude, die durchweg Einfamilienhäuser waren, sind gut erhalten. Berühmt sind vor allem die weitgehend intakten **Fußbodenmosaiken**, die allerdings zum Schutz größtenteils abgedeckt bzw. ins Archäologische Museum von Sevilla [s. S. 96] umgelagert wurden. Sehenswert ist auch das **Amphitheater**, das mit seinen gewaltigen Ausmaßen (160 m lang, 137 m breit) nur von den Arenen in Rom und Capua übertroffen wurde.

36 Carmona

Aristokratisches Flair und ›Römische Totenstadt‹.

Das hübsche Städtchen auf dem Hügel ist schon von Weitem sichtbar. Kurz vor dem Stadttor **Puerta de Sevilla**, das den Weg in die Oberstadt markiert, liegt die Kirche **San Pedro** mit einem barocken Kirchturm im Stil der Giralda von Sevilla.

Interessante Mosaikfußböden zeugen vom Wohnkomfort im antiken Itálica

Die Hauptstraße, eine einstige Römertrasse, führt direkt zu der kreisförmig angelegten **Plaza San Fernando**. Sie wird umrahmt von einem repräsentativen Häuserensemble mit dem Rathaus, das mit einem *römischen Mosaik*, ›Das Haupt der Medusa‹ darstellend, aufwartet.

Etwas weiter oben liegt die Kirche **Santa María**, die im 15. Jh. an der Stelle einer almohadischen Moschee erbaut wurde. Nur der Orangenhof ist vom Vorgängerbau erhalten geblieben. Darin befindet sich eine Säule westgotischen Ursprungs, in die ein Heiligenkalender eingraviert wurde.

Der Weg zum auf der Hügelkuppe gelegenen *Parador*, dem ehem. *Alcázar*, ist gut ausgeschildert. Dort bietet die gepflegte Caféterrasse einen schönen Ausblick auf das Umland.

Necrópolis Romana

Westlich von Carmona liegt die *Necrópolis Romana* (Mitte Juni–Mitte Sept. Di–Fr 8.30–14, Sa 10–14 Uhr, Mitte Sept.–Mitte Juni Di–Fr 9–17, Sa/So 10–14 Uhr, Fei generell geschl.). Die römische Totenstadt wurde vom 2. bis 4. Jh. n. Chr. als Begräbnisstätte genutzt. Insgesamt haben Archäologen rund 1000 Gräber ausgemacht, von denen bisher 250 freigelegt sind. Bei den Grabungsarbeiten wurden auch Verbrennungskammern entdeckt, Vorläufer der heutigen Krematorien.

Die meisten der Gräber wurden als Familienmausoleen angelegt, die zum Teil begehbar sind. Die Wände der Grabkammern sind mit Nischen für Urnen und Hausgötter versehen. Das größte Grab ist die **Tumba de Servilia**. Die Reste des eleganten Arkadenhofs und der prachtvollen Wandmalereien deuten auf den hohen gesellschaftlichen Status dieser Familie hin. Interessant ist auch die großzügig angelegte **Tumba del Elefante** mit Grabbeigaben.

Das übersichtliche, kleine **Museum** im Eingangsbereich der Nekropole vermittelt einen guten Einblick in die römische Bestattungskultur.

i Praktische Hinweise

Information

Oficina de Turismo, Arco de la Puerta de Sevilla, Carmona, Tel. 954 19 09 55, Fax 954 19 00 80, www.turismo.carmona.org

Hotels

*******Casa-Palacio – Casa de Carmona**, Plaza de Lasso, 1, Carmona, Tel. 954 19 10 00,

Fax 954 19 01 89, www.casadecarmona.com. In einem Palast aus dem 16. Jh. kann man gediegen residieren und speisen, Luxus pur genießen.

****Parador de Carmona, Alcázar, Carmona, Tel. 954 14 10 10, Fax 954 14 17 12, www.paradores.de. Stilvoller *Parador* in einem Palast des 14. Jh. mit hübschem Innenhof. Im Speisesaal, dem alten Refektorium, kann man vorzüglich essen.

37 Ecija

Gegen die hier sprichwörtliche ›Höllenhitze‹ helfen auch die Schatten der vielen Kirchtürme nicht.

Inmitten der fruchtbaren Ebene des Guadalquivir liegt das geruhsame Landstädtchen Ecija. Seine Silhouette wird überragt von **zwölf Kirchtürmen**, denen Ecija den wohlklingenden Beinamen ›Stadt der Türme‹ verdankt. Bekannt ist Ecjia aber auch für seine unerträglich heißen Temperaturen im Sommer. 45–50° C im Schatten sind hier keine Seltenheit. Und deshalb wird die Stadt auch unter der weit weniger poetischen Bezeichnung ›Bratpfanne Andalusiens‹ gehandelt.

Einen tiefen Einschnitt in der Geschichte von Ecija verursachte das Erdbeben von 1755. Damals wurde ein großer Teil der Stadt zerstört. Der Wiederaufbau begann in der zweiten Hälfte des 18. Jh. Darum präsentiert sich der Ort in einem fast einheitlich barocken Kleid. Schmucke Kirchen und repräsentative Adelspaläste bestimmen das Bild. Dreh- und Angelpunkt von Ecija ist die schön angelegte **Plaza de España**. An der Stirnseite des Platzes steht das Rathaus, in dem ein römisches Mosaik aus dem 2. Jh. v. Chr. zu sehen ist.

Unter den zahlreichen Palästen sticht der **Palacio de los Marquéses de Peñaflor** in der Calle Castellar hervor, an dessen Fassade sich der angeblich längste Balkon Spaniens schmiegt. Heute im Besitz der Stadt, dient der Palast als kulturelle Begegnungsstätte.

Der aus dem 18. Jh. stammende **Palacio de Benamejí** an der Plaza de las Constitución beherbergt das **Museo Histórico** (Tel. 954 83 04 31, Juni–Sept. Di–Fr 10–14.30, Sa 10–14 und 20–22, So 10–15 Uhr, Okt.–April Di–Fr 9.30–13.30 und 16.30–18.30, Sa 9–14, So 10–15 Uhr) mit interessanten Exponaten zur Vor- und Frühgeschichte der Region.

Kirchtürme fallen in Ecija kaum noch auf, aber der von San Juan ragt heraus

Unter den Sakralbauten ist die Kirche **Santa Cruz** sehenswert. Wie ein Skelett wirken die Reste der Fassaden des gotischen Vorgängerbaus, der bei dem Erdbeben von 1755 einstürzte. Teile des alten Bauwerks wurden für den Neubau im 18. Jh. genutzt. Der kostbarste Schatz der Kirche ist ein *frühchristlicher Sarkophag*, der als Altar genutzt wird.

i Praktische Hinweise

Information

Oficina de Turismo, Plaza España (im Rathaus), Tel./Fax 955 90 29 33, www.turismoecija.com

Restaurants

Bodegón del Gallego, c/ Arcipreste Aparicio, 3, Ecija, Tel. 954 83 26 18. Stilvoll mit Fässern dekoriertes Lokal mit regionalen Spezialitäten.

Las Ninfas, Plaza de la Constitutión, 7, Palacio de Benamejí, Nebeneingang in der c/ Elvira, Ecija, Tel. 955 90 45 92. Mit Skulpturen und Nymphenfiguren ausgestatteter Saal im Museo Historico. Serviert werden regionale Spezialitäten.

Huelva und der Nordwesten – Region am Rande

Die westlichste Provinz Andalusiens führt im Tourismus ein Stiefmütterchendasein. Der Norden mit den Ausläufern der *Sierra Morena* ist gebirgig. Die Bergbauregionen um den Río Tinto, die neben den Raffinerien der Industriestadt **Huelva** für den relativen Reichtum der Provinz verantwortlich sind, animieren nicht zum Bleiben. Im Kontrast dazu stehen Naturschönheiten: die weiten Sandstrände der nördlichen **Costa de la Luz**, die sich bis zur portugiesischen Grenze hinziehen, und das Vogelparadies **Coto de Doñana** im Mündungsdelta des Guadalquivir. – Und auf der **Kolumbinischen Route** werden Erinnerungen an die Zeit wach, als von hier die Entdeckungsfahrten des Cristóbal Colón und seiner Nachfolger ausgingen.

38 Aracena

Eine Templerkirche und eine Wundergrotte sind die Attraktionen der Kleinstadt inmitten ausgedehnter Wälder.

Das kleine Bergstädtchen Aracena liegt im äußersten Nordwesten Andalusiens, 110 km nördlich von Huelva [Nr. 41]. Weithin sichtbar ist der Burgberg mit den Ruinen einer **Maurenfestung**, die nach der *Reconquista* vom Ritterorden der Templer in Besitz genommen wurde. Inmitten der Ruinen liegt die spätgotische Kirche **Nuestra Señora de los Dolores**.

Hauptanziehungspunkt für Besucher ist die mehr als 1 km lange Tropfsteinhöhle **Gruta de las Maravillas** (tgl. 10–13.30 und 15–18 Uhr), die 1911 im Inneren des Burgbergs entdeckt wurde. Wie in einem unterirdischen Märchenschloss wandert man von Saal zu Saal, vorbei an einem 60 m breiten See, dessen Wasser die bunten Farben der Mineralien im Gestein reflektiert.

Interessant ist auch die Umgebung des Ortes mit den ausgedehnten **Kork-** und **Steineichenwäldern**. Hier ist das *schwarze iberische Schwein* zu Hause. Es wird gezüchtet, verbringt aber den größten Teil seines anderthalb Jahre währenden Lebens im Freien und ernährt sich vorzugsweise von den Eicheln der umliegenden Wälder. Diese ›Diät‹ verleiht später dem **Schinken** das köstliche Aroma. **Jabugo**, das berühmte ›Schinkendorf‹, liegt 18 km westlich von Aracena.

◁ *Oben:* *Nicht immer leicht zu erreichen ist der Strand an der westlichen Costa de la Luz*
Mitte: *Andalusien ist Reiterland*
Unten: *Marschland der Coto de Doñana*

Praktische Hinweise

Information

Oficina de Turismo, c/ Pozo de la Nieve, s/n, Aracena, Tel./Fax 959 12 82 06, www.aracena.es

39 Niebla

Ein 3 km langer Mauerring umzieht die geschichtsträchtige kleine Stadt.

Die trutzigen Türme der vollständig erhaltenen **Stadtmauer** von Niebla, die im Wesentlichen aus maurischer Zeit stammt, beeindrucken schon aus der Ferne.

Ein Stadtbummel führt zur frühmudéjaren Kirche **Santa María de la Granada** (nur Gruppenführungen, genaue Zeiten unter Tel. 959 36 22 70) aus dem 13. Jh. Offensichtlich sind hier die Spuren maurischer Architektur, so der kleine vorgelagerte Orangenhof der früheren Moschee, der vormalige *Mihrab* sowie der Glockenturm, dessen Vergangenheit als Minarett überdeutlich ist. Den Schlüssel zur Kirche verwahren die Angestellten des neben der Kirche gelegenen Rathauses.

Malerisch, doch gefährlich – die Wasser des Río Tinto sind rot von Kupfererz ▷

i Praktische Hinweise

Information

Oficina de Turismo, Plaza Santa Maria, s/n, Niebla, Tel. 959 36 22 70, www.niebla.es

40 Moguer

Heimatstadt des Literatur-Nobelpreisträgers Juan Jiménez.

Als ein Weizenbrot, innen weiß wie die Brotkrumen und drumherum golden wie die Kruste, beschrieb Juan Ramón Jiménez (1881–1958), Nobelpreisträger von 1956, liebevoll seine Heimatstadt. Er verewigte sie in dem philosophischen Epos ›Platero y yo‹. Die Stadt dankte es dem großen Sohn durch ein kleines **Museum** (www.fundacion-jrj.es, wg. Restaurierung voraussichtlich bis Herbst 2007 geschl.) in seinem einstigen Wohnhaus.

Moguer ist zudem der erste Halt auf der **Kolumbinischen Route**, die Stationen aus der Geschichte der Entdeckungen verbindet. Kolumbus ließ nach seiner ersten Rückkehr aus Amerika im gotisch-mudéjaren **Convento de Santa Clara** (14. Jh., Tel. 959 37 01 07, Einlass jeweils 11, 12, 13, 17, 18 und 19 Uhr, So Nachmittag und Mo geschl.) in Moguer eine Messe lesen. Im Rahmen einer Führung kann das Kloster, eines der interessantesten Sakralmonumente der Provinz, besichtigt werden.

i Praktische Hinweise

Information

Oficina de Turismo, c/ Castillo, s/n, Moguer, Tel. 959 37 18 98, Fax 959 37 18 53, www.moguer.es

Die Siesta wirkt sich auch auf die Betriebsamkeit in den Gassen von Moguer aus

41 Huelva

Industriestadt an der Kolumbus-Route.

Wenig einladend wirkt die Provinzhauptstadt Huelva (140 000 Einw.) aus der Ferne. Die Rauchschwaden der Raffinerien und Chemiefabriken trüben die Luft. Besonders bei Nacht ist dies eine unwirkliche Szenerie. Die Stadt liegt auf einer **Halbinsel**, die durch den Zusammenfluss von Río Tinto und Río Odiel gebildet wird. Vereinigt ergießen sich die beiden Flüsse als Río Saltés in den Atlantik.

Die Römer gründeten die Stadt unter dem Namen *Onuba*. 1257 wurde sie nach rund 500 Jahren maurischer Herrschaft wieder christlich. Im 15. Jh. gelangte Huelva in den Besitz der Herzöge von Medina Sidonia.

Das Erdbeben von Lissabon 1755 führte auch in Huelva zu schweren Zerstörungen. Zwei Kirchen überstanden die Naturkatastrophe wie durch ein Wunder bzw. wurden restauriert: **San Pedro** und **La Concepción** (beide 16. Jh.). Die 1953 geweihte **Catedral La Merced** ist Teil eines barocken Klosters.

Das **Museo Minero** (Mo–So 10.30–15 und 16–19 Uhr) an der Plaza Ernest Lluch bietet bei einem Rundgang durch seine 15 Räume einen interessanten Einblick in die verschiedenen Etappen des Bergbaus der Region.

Verlässt man die Stadt in Richtung Matalascañas, beeindruckt an der Brücke über den Río Tinto eine zwar nicht unbedingt schöne, aber mit 34 m Höhe durchaus imposante **Kolumbusstatue**. Das Werk der amerikanischen Bildhauerin Gertrude Whitney aus dem Jahr 1929 war ein Geschenk der USA an Huelva.

Westliche Strände

Hausstrand von Huelva ist **Punta Umbría**, eine reine Feriensiedlung. Im Sommer verkehren von Huelva aus auch Boote. Auf der Fahrt nach Westen passiert man die Badeorte El Rompido, La Antilla und Isla Cristina.

Ayamonte

Rund 60 km südwestlich von Huelva erreicht man Ayamonte. Der lebhafte kleine **Fischerort** liegt am Río Guadiana, dem Grenzfluss zwischen Spanien und Portugal. Über eine Brücke gelangt man zu einer Stippvisite ins Nachbarland.

Matalascañas

Kilometerlange **Sandstrände** und **Pinienwälder** machen den Küstenstreifen zwischen Huelva und Matalascañas aus. Ein hervorragender Standort zur Erkundung der Region ist der *Parador de Mazagón* (s. u.). Unweit der Abzweigung zum Nationalpark Coto de Doñana [Nr. 45] liegt die architektonisch missratene Re-

In der Vorsaison findet man an den Stränden von Matalascañas noch ruhige Abschnitte

tortensiedlung Matalascañas. Im Sommer überfüllt, verirren sich im Frühjahr und Herbst nur einige wenige Besucher hierher. Ökologisch ist der Ort vor allem wegen seiner Nähe zum Nationalpark sehr umstritten.

Praktische Hinweise

Information

Oficina de Turismo, Plaza Alcalde Coto Mora, 2, Huelva, Tel./Fax 959 25 74 03, www.huelva.es

Hotels

******Luz Huelva**, Avda. Sundheim, 26, Huelva, Tel. 959 25 00 11, Fax 959 25 81 10, www.nh-hotels.de. Bestes Haus am Platz.

******Parador de Ayamonte**, El Castillito, Ayamonte, Tel. 959 32 07 00, Fax 959 02 20 19, www.paradores.de. Ruhige Lage und entspannender Blick aufs Meer.

******Parador de Mazagón**, Ctra. Huelva–Matalascañas, Mazagón, Tel. 959 53 63 00, Fax 959 53 62 28, www.paradores.de. Schöner kann man an diesem Teil der Küste nicht wohnen. Hübscher Garten über den Klippen, freundlicher Service.

Aus der ganzen Region strömen die Besucher zur Romeria von El Rocío

42 La Rábida

Das Franziskanerkloster war wichtige Anlaufstelle und Rückzugsort für Kolumbus.

Die ältesten Teile des nur wenige Kilometer südlich von Huelva gelegenen Klosters stammen aus dem 14. Jh. Viel wurde jedoch 1755 beim sog. Erdbeben von Lissabon zerstört und später restauriert. Das **Monasterio de la Rábida** (Tel. 959 35 04 11, www.monasteriodelarabida.com, Aug. Di–So 10–13 und 16.45–20, sonst 10–13 und 16–19 Uhr) – für die spanischen Schulklassen, die täglich durch die Räume geschleust werden, fast ein Schrein nationaler Verehrung – zieht vor allem historisch interessierte Besucher an.

Stolz erzählen die Mönche, die durch die Räumlichkeiten führen, die Geschichte des Cristóbal Colón (1451–1506). Für Kolumbus war La Rábida in den langen Jahren des Wartens, bis er die Unterstützung Isabellas und Ferdinands für seine Entdeckungsfahren gewann, immer wieder Zufluchtsort. Erinnerungsstücke und Gemälde werden gezeigt sowie in der **Sala de las Banderas** die Flaggen der eroberten Länder Lateinamerikas und jeweils ein Kästchen mit deren heimischer Erde.

Die Kirche birgt den größten Schatz des Klosters, die Alabasterfigur der **Santa María de la Rábida**, die dem Flaggschiff der kleinen Kolumbus-Flotte den Namen ›Santa María‹ gab.

Das Dokumentationszentrum **Muelle de las Carabelas** (Tel. 959 53 04 72, Juni–Sept. Di–So 10–14 und 17–22 Uhr, Okt.–Mai Di–So 10–19 Uhr) informiert über die Geschichte der Seefahrt im 15. Jh. Hauptattraktion sind Nachbauten der drei Kolumbus-Karavellen.

Dass diese Region Spaniens von der Verklärung ihrer Geschichte lebt, wird deutlich angesichts der mit viel Grün und aufwendigen Gedenksteinen zur Uferpromenade umgestalteten **Avenida América** zwischen Palos und La Rábida.

43 Palos de la Frontera

Im Hafen von Palos begann das große Abenteuer des Kolumbus.

Der geschichtsträchtige Ort, 7 km von La Rábida, wirkt heute wie ausgestorben. Der **Hafen**, von dem aus die Schiffe des Kolumbus am 3. August 1492 zur Entdeckung der Neuen Welt aufbrachen,

Kolumbus-Fresko im Kloster La Rábida

Entdecker neuer Welten

Christoph Kolumbus oder **Cristóbal Colón** (1451–1506), wie er in Spanien genannt wird, war Genuese von Geburt. Er war besessen von der Idee, auf der **Westroute** Indien, die Heimat der Gewürze, zu erreichen. Vom portugiesischen König abgewiesen, zog er weiter nach Spanien und fand 1486 Unterstützung bei den Mönchen des Franziskanerklosters La Rábida. Sie empfahlen ihn bei **Königin Isabella**, die damals noch mit der Rückeroberung Granadas beschäftigt war.

Nach vollendeter Reconquista war Colóns Stunde endlich gekommen. Am **3. August 1492** verließen die drei Karavellen ›Santa María‹, ›Pinta‹ und ›Niña‹ den Hafen von Palos de la Frontera.

Am 12. Oktober war Land in Sicht – eine Insel in der Karibik, von den Einheimischen Guahani genannt, später **San Salvador** getauft.

Drei weitere Reisen sollten folgen. Die systematische Unterwerfung der einheimischen Bevölkerung und die Ausbeutung der Neuen Welt begann. Aus dem Entdecker wurde ein Eroberer. Bereits auf der zweiten Reise kam es zu Auseinandersetzungen mit den Einheimischen und zu Konflikten mit der Mannschaft. Von seiner dritten Reise kehrte Colón als Gefangener zurück, wurde jedoch rehabilitiert.

Er erstritt schließlich eine vierte Chance, doch die Konflikte spitzten sich zu, die erhofften Goldschätze ließen auf sich warten. Sein Stern war gesunken. Einsam, krank und von Wahnvorstellungen geplagt starb er 1506 in Valladolid.

und in den sie am 15. März 1493 zurückkehrten, ist längst versandet. Der Blick auf die Kulisse spanischen Entdeckergeistes endet am Horizont bei den Industrieanlagen von Huelva. Einzig **La Fontanilla**, ein kleines Brunnenhaus, von dem aus die Schiffe früher mit Wasser versorgt wurden, und die Kirche **San Jorge** (tgl. 10–13 und 19–20 Uhr) aus dem 15. Jh. zeugen von der großen Zeit. In diesem Gotteshaus beteten weiland vor ihrer Abreise Cristóbal Colón und die einheimischen Brüder Pinzón, die Befehlshaber der anderen beiden Karavellen. Ihr *Geburtshaus* (Mo–Fr 10–14 Uhr) in der Calle Colón kann besichtigt werden.

44 El Rocío

Berühmtester Wallfahrtsort Andalusiens.

Der berühmteste Wallfahrtsort Andalusiens ist, abgesehen von Pfingsten [s. u.], ein verschlafenes, von Staubstraßen durchzogenes Dorf, das eine perfekte Kulisse für einen Westernfilm abgeben würde. Romantisch ist vor allem der Blick aus der Ferne: Pferde weiden an den Lagunen, die den Ort umgeben, und einen malerischen Kontrapunkt zur Schönheit der Natur setzt das blendende Weiß der **Pilgerkirche**. In ihrem schmucklosen In-

Die Virgen del Rocío soll Wunder tun – entsprechend groß ist der Andrang

Die weiße Taube – Andalusiens meistgeliebte Jungfrau

Alljährlich am Pfingstsamstag verwandelt sich das Dörfchen El Rocío (ca. 1000 Einw.) in eine Großstadt mit mehreren hunderttausend Pilgern. Dann nämlich treffen zur **Romeria** die Bruderschaften aus ganz Andalusien zusammen, um für drei Tage die **Blanca Paloma**, die Weiße Taube genannte Marienfigur, zu feiern. Die Wallfahrer aus Sanlúcar erhalten gar eine Sondererlaubnis, durch den Nationalpark Coto de Doñana zu ziehen.

Im 13. Jh. schon ließ Alfons der Weise der wunderbarerweise in einem Baumstamm gefundenen Madonnenstatue eine Kapelle errichten. Heute hat die **Virgen del Rocío**, die ›Jungfrau vom Morgentau‹, Anhänger in allen Schichten der Bevölkerung. Unter den **Rocieros**, den Verehrern der Jungfrau, fallen die Klassenschranken. Sie sind in 78 Bruderschaften, **Hermandades**, organisiert. Jedes Jahr ziehen sie, z. T. traditionell mit Ochsengespannen, in Caballero-Tracht und im Flamenco-Kleid, zu dem dreitägigen Volksfest, dessen Höhepunkte am **Pfingstmontag** der Gottesdienst und die Prozession der Jungfrau unter dem Jubel der Massen sind.

Der Jungfrauenkult in Andalusien ist älter als das Christentum, und dass das ganze Spektakel meist mit Frömmigkeit nicht viel zu tun hat, ist ein offenes Geheimnis. Der alte Kult und die den Andalusiern eigene Begabung zum Feiern ergeben auf jeden Fall eine prächtige Wallfahrt und den willkommenen Anlass zu einer **Fiesta**.

nenraum erweist täglich eine stattliche Anzahl von Besuchern der Marienstatue **Blanca Paloma** (Weiße Taube) oder **Virgen del Rocío** (Jungfrau vom Morgentau) die Ehre.

i Praktische Hinweise

Hotels

**Hotel Toruño, Plaza del Acebuchal, 22, El Rocío, Tel. 959 44 23 23, Fax 959 44 23 38, www.toruno.es. Schlichtes andalusisches Haus mit Blick auf die Lagune.

Cortijo de los Mimbrales, Ctra. A 483, km 30, Tel. 959 44 22 37, Fax 959 44 24 43, www.cortijomimbrales.com. Finca mit Orangenplantage. Angebote für Reiter und Biker.

45 Parque Nacional Coto de Doñana

TOP TIPP *Spaniens größter Nationalpark mit eindrucksvollem Vogelreichtum.*

Der Nationalpark Coto (›Jagdgrund‹) de Doñana umfasst im Wesentlichen das **Mündungsgebiet** des Guadalquivir. Die Kernzone des 1969 gegründeten Parks deckt heute etwa 50 000 ha ab. Er gehört zum UNESCO Weltnaturerbe.

In dem Schutzgebiet treffen Flora und Fauna zweier Kontinente, Europa und Afrika, zusammen. Vor allem ist der Doñana-Park aber ein **Vogelparadies**, in dem mehr als die Hälfte aller europäischen Vogelarten brütet und überwintert oder auf dem Flug in die afrikanischen Winterquartiere rastet.

Das Gebiet gliedert sich in drei verschiedene Ökosysteme. In Meeresnähe liegt der Gürtel der *Wanderdünen*, die bis zu 40 m hoch sind. Dahinter folgt der mediterrane *Niederwald*, flache Areale mit Buschvegetation, Pinienwäldern und Korkeichenhainen. Sie umschließen das Nassgebiet, die zeitweise überschwemmten *Marismas* (Marschland) mit Lagunen.

Ende des 16. Jh. hatte sich Doña Ana, Frau des Herzogs von Medina Sidonia, hier ein Refugium geschaffen. Seither trägt die Region ihren Namen. Der **Palast** wurde im 17. Jh. erweitert, diente als königliche Jagdresidenz und fungiert heute als Forschungsstation. Naturschützer machten früh auf die Einzigartigkeit der Region aufmerksam, und mit Geldern des World Wildlife Fund konnten bereits 1963 Teile

Eine Wüstentour der besonderen Art führt durch den Nationalpark Coto de Doñana

des heutigen Parks gekauft werden. 1969 stimmte die spanische Regierung der Gründung des Nationalparks zu.

Die Existenz des **Ökosystems** ist jedoch durch verschiedene Einflüsse gefährdet: Umliegende Obstplantagen verbrauchen viel Wasser, und die verwendeten Düngemittel gelangen auch in die *Marismas*. Die Retortensiedlung Matalascañas [s. S. 107] am Rande des Nationalparks sorgte für einen sinkenden Grundwasserspiegel im Park; einige Lagunen sind bereits ausgetrocknet. Dazu kommen Abwasser- und Müllprobleme des Tourismus'. Um die großartige Natur des Gebiets zu retten, wird seit einigen Jahren im Umland ökologischer Landbau gefördert und die Beweidung durch Nutztiere eingeschränkt. Zudem wird der sparsame Umgang mit Trinkwasser propagiert.

Der Besuch des Parks ist streng reglementiert. Den besten Eindruck von den verschiedenen Vegetationsformen bekommt man auf einer halbtägigen **Jeeptour** (Juni–Sept. Mo–Sa jeweils 8.30 und 17 Uhr, Okt.–Mai Di–So jeweils 8.30 und 15 Uhr, vorherige Anmeldung ist unerlässlich, Tel. 959 43 04 32), die vom Informationszentrum **El Acebuche** aus startet. Fernglas und Verpflegung müssen mitgebracht werden.

Alternativ kann man von den drei **Informationszentren** *El Acebuche*, *El Acebron* und *La Rocina* (tgl. 8–19 Uhr, www.parquenacionaldonana.com), die unweit der Straße Matalascañas – El Rocío entstanden, Spaziergänge auf eigene Faust unternehmen. Mehrere Vogelbeobachtungshäuschen säumen die markierten Wege.

Cádiz und der Südwesten – wo Mittelmeer und Atlantik sich treffen

Die Küste des Lichtes, die **Costa de la Luz**, beginnt dort, wo Mittelmeer und Atlantik sich an der Straße von Gibraltar vereinigen. Es ist kein sanfter Übergang – ab **Tarifa** weht ein rauerer Wind. Die Fluten des Atlantiks sind aufbrausend und kühl, die sanfte Brise des Mittelmeers geht in salzige Winde über. Dieses raue Element verhinderte bislang die Entwicklung eines Massentourismus à la *Costa del Sol*, langsam jedoch beginnt man, die natürlichen Reichtümer, feinsandige **Strände** mit ausgedehnten Pinienwäldern, malerische Fischerorte und ein interessantes Hinterland mit weißen Dörfern und grünen Stierweiden, zu vermarkten. Dabei helfen modische Strömungen, wie der noch relativ junge **Surf-Tourismus** in Tarifa gezeigt hat. Zu den Naturschönheiten gesellen sich die hübsche Provinzhauptstadt **Cádiz** und im äußersten Osten der Provinz drei Landstädtchen, die Genießern ein Begriff sind: **Jerez de la Frontera**, **Sanlúcar de Barrameda** und **Puerto de Santa María** bilden das *Sherry-Dreieck*. Die Blütezeit der Region wurde mit dem Zeitalter der Entdeckungen eingeläutet. Die *Conquistadores* starteten ihre Fahrten von den Häfen dieser Küste aus. Cádiz hielt zeitweise das Monopol für den Handel mit den überseeischen Kolonien und war ein europäisches Zentrum, in dem nicht nur Wohlstand, sondern auch Weltoffenheit und progressives, liberales Ideengut zu Hause waren.

46 Sanlúcar de Barrameda

Traditionsreicher Hafen im Sherry-Dreieck mit Blick auf den Doñana-Nationalpark.

Sanlúcar an der Mündung des Guadalquivir ist ein zweigeteilter Ort: Die Altstadt liegt auf dem Hügel, der einen schönen Blick auf Guadalquivir und Nationalpark gewährt. An seiner höchsten Stelle thronen die Reste der baufälligen Maurenburg **Castillo de Santiago**. Nicht weit davon zeigt die Pfarrkirche **Nuestra Señora de la O** (14. Jh.) ein üppiges mudéjares Portal und ein prachtvoll ausgeschmücktes Kircheninneres. In unmittelbarer Nähe liegt der eher schlichte Palast (15. Jh.) der Familie Medina Sidonia, die einst die Stadt als Lehen bekam.

Zu Füßen des Hügels breitet sich die Neustadt *Bajo de Guía* aus. Historische Sehenswürdigkeiten gibt es zwar keine, aber einen **Sandstrand** und den Fischereihafen mit der von Fischlokalen gesäumten Promenade. Überall werden köstliche *Langostinos* serviert. Die ideale Ergänzung dazu ist ein kühler *Manzanilla*, wie der vor Ort erzeugte *Fino* genannt wird (Besichtigung der *Bodegas* nach Anfrage bei der Touristinformation, s. u.). Es ist ein wunderbar herber und dank der Atlantikwinde leicht salzig schmeckender Wein.

Beim Schlemmen mit Blick auf den Guadalquivir kann man sich zurückversetzen in die glanzvollen Tage, als Cristóbal Colón am 30. Mai 1498 von hier zu seiner dritten Amerikafahrt aufbrach und Magalhães 21 Jahre später zu seiner Weltumsegelung. Heute ist der Hafen Ausgangspunkt für Bootsausflüge in den Nationalpark Coto de Donaña [Nr. 45].

Praktische Hinweise

Information

Oficina de Turismo, Avda. Calzada del Ejército, s/n, Sanlúcar de Barrameda, Tel. 956 36 61 10, Fax 956 36 61 32, www.turismosanlucar.com

47 Jerez de la Frontera

Die Hauptstadt des Sherry ist auch ein Zentrum der andalusischen Pferdezucht mit feudalem Ambiente.

Kaum eine Stadt in Andalusien verbreitet so viel andalusisches Flair wie Jerez. Und auch kaum eine Stadt hat so unterschiedliche Gesichter. Jerez ist die Stadt der Großgrundbesitzer, deren **prunkvolle Paläste** im Stadtbild auffallen. Ein zumeist eher düsteres Gesicht zeigen hingegen die Wohnviertel der Tagelöhner, die mit der Traubenernte ihren Lebensunterhalt verdienen.

Bekannt ist die Rivalität zwischen der Provinzhauptstadt Cádiz [Nr. 49] und der Sherry-Metropole Jerez im Landesinneren, die mit mehr als 190 000 Einwohnern die Hauptstadt im Hinblick auf die Bevölkerungsgröße längst überholt hat. Wo Cádiz, die Hafenstadt, weltoffen und liberal ist, ist Jerez feudal. Nur an Sevilla will man sich messen, wenn man im Mai die **Feria del Caballo** feiert, zu der sich die Männer in stolze Caballeros und die Damen in Señoras in Flamencokleidern verwandeln und ihr Lebensgefühl zur Schau stellen. Die Sherry-Barone haben das Gesicht der Stadt geprägt und ihre Vorlieben unterstützt. Der Flamenco ist hier zu Hause. Kenner auf der Suche nach der Seele des **Cante jondo** durchstreifen die *Peñas* von Jerez. Die **Pferdezucht** ist nirgends in Andalusien so ausgeprägt. Die berühmte andalusische Kartäuser-Rasse wurde in der Kartause von Jerez gekreuzt. Die ›männlichste aller Sportarten‹, der **Stierkampf**, vervollständigt schließlich das Bild.

TOP TIPP

Zur Feria del Caballo verwandelt sich jeder Reiter in einen stolzen Caballero ...

... und auch die Señoritas in ihren farbenprächtigen Festkleidern sind eine Freude

Wahrscheinlich ist Jerez wie so viele andalusische Orte phönizischen oder griechischen Ursprungs. Die Römer siedelten hier und bauten wohl schon Wein an. 711 wurde *Serez* oder *Xeret* maurisch. 1264 eroberten die Christen die Stadt zurück, die aber weiterhin heiß umkämpft war.

Pferde und Wein ziehen die Besucher an. Tatsächlich ist in Jerez die Besichtigung einer der **›Kathedralen des Weins‹** unverzichtbar. Die meisten der großen *Bodegas* [s. S. 116] liegen am Rand des Zentrums und können nach Anmeldung besichtigt werden.

Im Norden der Stadt liegt in der Avenida Duques de Abrantes das Gelände der Königlich-Andalusischen Schule der Reitkunst, der **Real Escuela Andaluza del**

Sherry – ein ganz besonderer Wein

Jerez [Nr. 47], Sanlúcar de Barrameda [Nr. 46] und Puerto de Santa María [Nr. 48] bilden das Dreieck der Sherry produzierenden Städte. Vor etwa 3000 Jahren brachten die Phönizier die ersten Reben in diese südwestliche Ecke Andalusiens. Römer, Westgoten und Araber perfektionierten die Anbaumethoden und exportierten bereits andalusischen Wein.

Zum Lebensinhalt der Region wurde schließlich ein ganz besonderer Tropfen mit Namen **Jerez**. Englische Zungen machten daraus die für sie leichter auszusprechende Bezeichnung **Sherry**. Die Briten wurden **Hauptimporteure** und stiegen im 18. Jh. selbst in die Produktion vor Ort ein. Davon zeugen noch heute die Namen berühmter Kellereien wie ›Williams & Humbert‹, ›Harveys‹ oder ›Osborne‹.

Die ›Kathedralen des Weins‹ sind keine dunklen Keller, sondern riesige ebenerdige **Bodegas**, durch die der Atlantikwind streifen kann. Schwere Fässer aus amerikanischer Eiche, gefüllt mit Wein in unterschiedlichen Reifestadien, werden in mehreren Reihen übereinander gelagert. Sie verkörpern das besondere **Reifesystem** des Sherry – das **Solera-System**, eine geniale Verschnitt-Technik. In der unteren Reihe lagert der älteste Wein, von dem alljährlich ein Drittel auf Flaschen gezogen wird. Nachgefüllt wird mit dem Wein aus der nächsthöheren Reihe. In die obersten Fässer wird schließlich ganz junger Wein nachgefüllt, der nun mindestens 5 Jahre reifen muss, bis er die Qualitätskontrollen passiert. Auf diese Art und Weise wird gleich bleibende Qualität garantiert. Beim Sherry gibt es keine Jahrgangsweine, aber man unterscheidet drei Hauptqualitäten: der helle, trockene **Fino**; der bernsteinfarbene **Amontillado** mit nussiger Note; der dunkle **Oloroso**, der nicht zwangsläufig süß sein muss. Der dickflüssige, zuckrige Cream ist ein reines Exportprodukt.

Arte Ecuestre (Tel. 956 31 80 08, www.realescuela.org, *Trainingsshows* Sept.–Juli Mo, Mi, Fr 11–12.30 Uhr, Aug. nur Mo und Mi, *Dressurshows* Sept.–Juli Di und Do 12 Uhr, Aug. auch Fr 12 Uhr, Voranmeldung empfohlen). Am Vormittag kann man sich über das Gelände führen lassen und das Training beobachten. Jeden Donnerstag zeigen die eleganten Vollblüter *»Cómo bailan los Caballos Andaluces«*, »Wie andalusische Pferde tanzen«.

Daneben hat Jerez auch eine sehenswerte Altstadt zu bieten. Durch die Calle Consistorio gelangt man zur stimmungsvollen *Plaza Asunción* mit der **Iglesia San Dionisio** (wegen Renovierungsarbeiten auf unbestimmte Zeit geschl.). Die mudéjare Kirche aus dem 15. Jh. ist dem Stadtpatron geweiht.

Schräg gegenüber liegt der prunkvollste Renaissance-Palast der Stadt, die **Antigua Casa del Cabildo**, das ehem. Rathaus aus dem 16. Jh.

Nächstes Ziel ist die *Plaza Domecq*, benannt nach dem berühmtesten der Sherry-Barone. Hier erhebt sich die **Catedral** (Mo–Sa 11–13 und 18–20, So 11–14 Uhr), zu der eine imposante Freitreppe führt. Der Glockenturm ist ähnlich einem italienischen Campanile frei stehend. Die Strebebögen wirken fremd im Zusammenhang mit der barocken Architektur. Sie erinnern an den Vorgängerbau, der hier im 13. Jh. auf den Grundmauern der einstigen Hauptmoschee errichtet wurde. Die heutige Kathedrale stammt aus dem späten 17. bis 18. Jh.

Hinter der Kathedrale klettert man die Stufen zum **Alcázar** (Mo–Sa 10–18, So 10–15 Uhr, letzter Einlass 30 Min. vor Schließung) hinauf. Seine ältesten Teile stammen aus dem 11. Jh. Auf die *Recon-*

quista 1264 folgten mehrere Umbauten. Aber vor einigen Jahren wurde die sehenswerte *Mezquita*, die damals in eine Kapelle umgewandelt worden war, möglichst originalgetreu restauriert.

Ein wenig weiter östlich wartet die Kirche **San Miguel** (15. Jh.; Mo–Fr 10.30–11.30 Uhr) mit dem hübschen, blaugekachelten Turm und der üppig geschmückten isabellinischen Südfassade auf.

La Cartuja

Nach etwa 5 km in südöstlicher Richtung erreicht man das im 15. Jh. gegründete Kartäuserkloster *La Cartuja*. Hier wurden im 16. Jh. aus Rassepferden verschiedener Nationen die Kartäuser-Pferde gekreuzt. Sie bildeten übrigens nach einer Schenkung an Kaiserin Maria Theresia auch den Stamm der österreichischen Lipizzaner.

Francisco de Zurbarán schuf für die Kirche seine berühmten Kartäuser-Bilder, die heute im *Museo de Cádiz* [s. S. 118] zu sehen sind. Von der spätgotischen Anlage blieben Kirche, Refektorium und zwei Kreuzgänge erhalten. Die schönen Gärten und der Innenhof (Tel. 956 15 64 65, Mo–Sa 9.30–11.15 und 12.45–18.30 Uhr) können besichtigt werden.

i Praktische Hinweise

Information

Oficina de Turismo, Alameda Christina (Edificio Los Claustros), s/n, Jerez de la Frontera, Tel. 956 32 47 47, Fax 956 33 96 28, www.turismojerez.com

Oben: *Die seitlichen Streben bilden die attraktive gotische Stützkonstruktion der Kathedrale von Jerez de la Frontera, die den Beinamen La Colegiata trägt*
Unten: *Überdeutlich – in der Königlichen Reitschule liegen die Wurzeln der Lipizzanertradition*

Flamenco

Jerez ist berühmt als eine Metropole des Flamenco. In den *Peñas* wird vor meist einheimischem und sachkundigem Publikum gespielt. Die Show beginnt selten vor Mitternacht. Das aktuelle Programm erhält man beim Oficina de Turismo (s. o.). Hier eine Auswahl von Peñas:

El Lagá de Tio Parrila, Pl. del Mercado, s/n, Tel. 956 33 83 34

La Taberna Flamenca, c/ Augostillo de Santiago, 3, Tel. 956 32 36 93

Camino del Rocio, c/ Divina Pastora, 10, Tel. 956 33 12 29

Hotels

****Bellas Artes**, Plaza del Arroy, 45, Jerez de la Frontera, Tel. 956 34 84 30, www.hotelbellasartes.com. Alter Palast im historischen Zentrum mit viel Charme und Stil.

***Casa Grande**, Plaza de las Angustias, 3, Jerez de la Frontera, Tel. 956 34 50 70, www.casagrande.com.es. Nettes Mittelklassehaus mit andalusischem Flair.

El Ancla, Plaza Mamelóu, 13, Jerez de la Frontera, Tel. 956 32 12 97, Fax 956 32 50 05, www.helancla.com. Sympathisches Hotel mit gutem Komfort in zentraler Lage.

Ein Gläschen Sherry gehört in Jerez zum geselligen Beisammensein einfach dazu

Cortijo de Frias, Carretera El Portal, km 4,5 (15 Min. südöstlich von Jerez), Tel. 956 23 70 04, www.cortijodefrias.com. Das kleine Landhotel bietet Idylle pur.

Restaurants

Gaitán, c/ Gaitán, 3, Jerez de la Frontera, Tel. 956 16 80 21. Beliebtes Traditionslokal, bekannt für prima Meeresfrüchte (So geschl.).

Juanito, c/ Pescadería Vieja, 8, Jerez de la Frontera, Tel. 956 33 48 38. Viel besuchte *Tapas*-Bar (So geschl.).

Bodegas

Domecq, c/ Alamos, 23, Jerez de la Frontera, Tel. 956 33 96 34, www.alvarodomecq.com. Mo–Sa 10–14 Uhr

González Byass, c/ Manuel María González, 12, Jerez de la Frontera, Tel. 956 35 70 00, www.gonzalezbyass.es. Mo–Sa 10–14 und 16–18, So 10–14 Uhr

Williams & Humbert, Ctra. N-IV, km 641, 75, Jerez de la Frontera, Tel. 956 35 34 06, www.williams-humbert.com. Besuch Mo–Fr 10, 12 und 14 Uhr, Mi und Fr 10 und 12 Uhr inkl. Pferdeshow

Sandeman, c/ Pizarro, 10, Jerez de la Frontera, Tel. 956 15 17 00, www.sandeman.com. Mo–Fr 10–15 Uhr, Sa/So nur nach Voranmeldung

48 Puerto de Santa María

Die alte Hafenstadt ist heute ein beliebter Ferienort.

Puerto mit seinen heute ca. 70 000 Einwohnern ist eine römische Gründung. Aus maurischer Zeit stammt das imposante **Castillo de San Marcos** (13. Jh.). Im Inneren des gut erhaltenen Burgrings befindet sich u. a. eine Kapelle, die noch Spuren der ehedem an dieser Stelle erbauten Moschee erkennen lässt.

Im Zeitalter der Entdeckungen war Puerto größer als Cádiz, Händlerpaläste prägten das Stadtbild. Das feudale Flair ist dem eines modernen **Ferienortes** mit zahlreichen Freizeitmöglichkeiten gewichen. Schöne Strände, Jachthafen, Wasserpark, Kasino sowie zahlreiche Restaurants und Bars ziehen Urlauber an und machen Puerto im Sommer zum Tummelplatz der Reichen und Schönen.

Darüber hinaus ist Puerto de Santa María ein Eckpunkt im Dreieck der **Sherry-Städte** und Ausfuhrhafen für die Weine der Region. Hier konzentriert man sich auf den stärkeren Bruder des Sherry, den **Brandy**. Die *Bodegas* können auf Anfrage besichtigt werden. Sehenswert sind außerdem die Kirche **Iglesia Mayor** und die Stierkampfarena **Plaza de Toros** aus dem Jahr 1880, eine der größten Spaniens.

Praktische Hinweise

Information

Oficina de Turismo, c/ Luna, 22, Puerto de Santa María, Tel. 956 54 24 13, Fax 956 54 22 46, www.turismoelpuerto.com

Hotels

****__Monasterio de San Miguel__, c/ Virgen de los Milagros, 27, Puerto de Santa María, Tel. 956 54 04 40, Fax 956 54 26 04, www.jale.com/monasterio. Stilvolles Klosterhotel im Zentrum.

***__Los Cantaros__, Ribera del Marisco, c/ Curva, 6, Puerto de Santa María, Tel. 956 54 02 40, Fax 956 54 11 21, www.hotelloscantaros.com. Preiswert und zentral.

Restaurant

TOP TIPP **Romerijo**, Ribera del Marisco, 1, Puerto de Santa María, Tel. 956 56 28 97. Am Tresen kauft man die frischen Meerestiere und verzehrt sie direkt aus dem Packpapier bei kühlem Bier oder Weißwein auf der *Terraza* – ein Erlebnis.

Feinster Platareskenstil ziert das Portal der Iglesia Mayor von Puerto de Santa María

49 Cádiz

Plan Seite 118

»Senorita del Mar; novia del aire« – »Fräulein des Meeres; Geliebte des Windes«.

Ob »Meerfräulein« oder »Sirene des Meeres«, wie Lord Byron dichtete, Cádiz ist eine viel besungene Stadt. Sie liegt am Ende einer 9 km langen Landzunge im Atlantik, eine frische, salzige **Atlantikbrise** durchweht die Straßen und sorgt für ein angenehmes Klima.

Die hübsche **Altstadt** hinter der Stadtmauer mit schönen Plätzen, engen Gassen und großartigen Ausblicken versöhnt den Besucher mit der Anfahrt durch Industrieanlagen und Betonschluchten der Neustadt. Dass die große Zeit längst vorbei ist, ist jedoch offensichtlich. Der überwiegende Teil der Altstadt stammt aus der letzten Blütezeit, dem 17./18. Jh. Mit pastellfarbigen Anstrichen versucht man vergeblich, die Baufälligkeit der Häuser zu verdecken. Cádiz ist jedoch alles andere als eine langweilige Stadt. Das zeigt sich besonders zur Zeit des Karnevals im Februar, wenn hier ausgelassen gefeiert wird wie kaum irgendwo sonst in Spanien.

Geschichte Die Legende erhebt Herkules, der in der Region weilte, um die Herden des Geryoneus zu stehlen, zum Stadtgründer. Sicher ist, dass Cádiz 1100 v. Chr. von den Phöniziern als *Gadir* gegründet wurde und damit die wohl älteste noch bestehende Stadt Europas ist. Von Cäsar erhielt *Gadir* als erste Stadt außerhalb Italiens das römische Bürgerrecht und nahm die lateinische Sprache an.

Unter den Mauren versank die Stadt in Bedeutungslosigkeit. 844 wurde sie von normannischen Piraten völlig zerstört. 1260 eroberte Alfonso X. der Weise sie für die Christen zurück. Aber an ihre einstige Bedeutung konnte die Stadt erst wieder nach der Entdeckung der Neuen Welt anknüpfen. Jedoch wurde sie 1596 durch die Truppen des englischen Grafen Essex erneut dem Erdboden gleich gemacht.

1717, nach der Versandung des Hafens von Sevilla, verlegte Philipp V. die **Börse** und das damit verbundene **Monopol** für den Handel mit den überseeischen Kolonien nach Cádiz. Die Hafenstadt wurde zu einem sprühenden, wohlhabenden und weltoffenen Zentrum.

Der **liberale Geist** blieb erhalten, auch als die große Zeit vorbei war. Während des Befreiungskriegs gegen Napoleon war Cádiz für zwei Jahre spanische Hauptstadt. 1812 trat hier das erste spanische Parlament, die *Cortes*, zusammen. Der Traum von einer liberalen Demokratie war allerdings zwei Jahre später schon wieder ausgeträumt. Nach und nach erkämpften die überseeischen Kolonien ihre Unabhängigkeit, und Cádiz versank erneut in einen Dornröschenschlaf. Erst in den 1930er-Jahren setzte die Industrialisierung mit der Begründung eines **Freihafens** ein. Heute gehören die Werften, aber auch Fischerei und Fischkonservenindustrie zu den Haupterwerbszweigen.

Besichtigung Der Stadtbummel beginnt im Norden an der *Plaza de Mina*. Ein erster Besuch gilt dem großartigen **Museo de Cádiz** 1 (Di 14.30–20.30, Mi–Sa 9–20.30, So 9.30–14.30 Uhr) mit seinen Abteilungen für Archäologie, Malerei und Volkskunde, untergebracht in einem ehem. Franziskanerkloster. Das *Erdgeschoss* ist archäologischen Funden aus Cádiz und Umgebung vorbehalten. Prunkstücke aus phönizischer Zeit sind zwei marmorne Sarkophage, die auf das 5. Jh. v. Chr. datiert werden. Der *2. Stock* ist

Weltoffenes Cádiz – das stolzeste Bauwerk der Stadt ist die doppeltürmige Catedral

den Schönen Künsten gewidmet. Glanzstücke der Sammlung sind 18 Hauptwerke des ›Malers der Mönche‹, Zurbarán. Daneben beeindrucken einige Werke seines Zeitgenossen Murillo, die ursprünglich im heute zerstörten *Convento de Capuchinos* in Cádiz hingen.

In der vitalen Einkaufsstraße Calle Rosario liegt im Haus Nr. 11 der Eingang zum **Oratorio de Santa Cueva** 2 (Mai–Sept. Di–Fr 10–13 und 17–20, Sa/So 10–13 Uhr, Okt.–April Di–Fr 10–13 und 16.30–19.30, Sa/So 10–13 Uhr). Eine Treppe führt zu einem ellipsenförmigen Raum, geschmückt mit drei Goya-Gemälden, die zu den seltenen religiösen Darstellungen des Meisters gehören. Von der **Plaza de San Juan de Dios** 3 mit dem *Rathaus* (19. Jh.) kann man einen Abstecher zum *Hafen* machen, von dem die Schiffe zu den Kanarischen Inseln ablegen.

Nun lässt man sich von den mächtigen Türmen zur **Catedral Nueva** 4 leiten, dem imponierendsten Sakralgebäude der Stadt. Erbaut wurde die Neue Kathedrale ab 1720 nach dem Vorbild der großen andalusischen Renaissance-Kathedralen von Málaga [Nr. 3] und Granada [Nr. 17]. Imposant ist schon die äußere Erscheinung, die von zwei Türmen flankierte Fassade und die hoch aufragende Vierungskuppel. Der geschwungene dreischiffige Innenraum, der durch seine Größe beeindruckt, trägt deutlich Züge des Barock. Vollendet wurde der Bau erst 1838 im klassizistischen Stil. Finanzielle Schwierigkeiten führten dazu, dass edle Baumaterialien durch minderwertige ersetzt wurden. Man sieht deutlich den Übergang vom Marmor des ersten Bauabschnitts zum Stuck im oberen Teil. Sehenswert ist das *Chorgestühl*, älter als die Kathedrale selbst, das aus der Kartause von Sevilla stammt. Besonders empfehlenswert ist der Aufstieg in den Westturm, Torre de Poniente (tgl. 10–18 Uhr), von wo aus sich ein herrlicher Blick über die Stadt eröffnet.

Interessant ist auch ein Besuch im angeschlossenen **Museo Catedralico** (Di–Fr 10–13.30 und 16.30–19, Sa 10–13 Uhr) vor allem wegen seiner berühmten Monstranzen. Die 5 m hohe **Custodia del Millón** (1721) ist aus purem Silber und angeblich mit einer Million Edelsteinen geschmückt. Eine Führung durch das Museum beinhaltet auch den Besuch der Krypta. Hier liegt der wohl berühmteste Sohn der Stadt, der Komponist Manuel de Falla, begraben.

Unweit vom Eingang des Kathedralmuseum, liegen die Überreste eines römischen Theaters, **Teatro Romano** 5, das im Jahre 1990 ausgegraben wurde.

Leben und Arbeit drehen sich in Cádiz meist um die Boote und das Meer

Die Cafés auf dem Kathedralplatz laden zur Einkehr ein und die angrenzenden Gassen zu einem Bummel. Vorbei am Mercado Central in der Calle Compañía gelangt man zum **Oratorio de San Felipe Neri** 6 in der Calle Santa Inés. In dem Gotteshaus aus der zweiten Hälfte des 17. Jh. erinnert eine Gedenktafel an das Jahr 1812, als die *Cortes* hier tagte. Nebenan kann man im *Museo de las Cortes de Cádiz* (c/ Santa Inés, 9, Tel. 956 22 17 88, Juni–Sept. Di–Sa 9–13 und 17–19, So 10–13 Uhr, Okt.–Mai Di–Sa 9–13 und 16–19, So 10–13 Uhr) Exponate zu Verfassung und Parlament, aber auch archäologische Fundstücke bestaunen.

Nach wenigen Schritten in östlicher Richtung gelangt man zum **Torre Tavira** 7 (www.torretavira.com, Juni–Sept. 10–20 Uhr, Okt.–Mai 10–18 Uhr), einem Wachturm aus dem 18. Jh., der nicht nur mit einer schönen Aussicht aufwartet, sondern auch mit einer besonderen Ansicht: Mit Hilfe einer drehbaren Camera Obscura werden, einer Live-Übertragung gleich, Bilder aus der Stadt in eine dunkle Kammer im Inneren des Turms projeziert.

Gegen Abend, wenn das Licht der untergehenden Sonne die weißen Häuser in ein magisches Licht taucht, ist Zeit für einen Bummel entlang der Promenade. Verschiedene Punkte der Befestigungsanlage erlauben schöne Ausblicke auf die Bucht. Vom **Baluarte de la Candelaria** 8 flaniert man ein Stück durch den schön bepflanzten *Parque Genovés*, vorbei am sternförmigen **Castillo de Santa Catalina** 9 und dem ins Meer hineingebauten **Castillo de San Sebastián** 10. Man trifft die Einheimischen beim allabendlichen *Paseo* und kann die Fischer beobachten, die am *Baluarte de Capuchinos* ihre Angeln auswerfen, um die Beute später im nur wenige Meter entfernten alten Fischerviertel *Barrio de la Vina* zu verkaufen. Besonders schön ist die **Calle Virgen del Palma** 11, gesäumt von Orangenbäumen. Abends öffnen einfache Bars und Fischlokale ihre Pforten, und der Duft von Bratfisch lockt unwiderstehlich.

Bei **Chiclana de la Frontera**, 22 km südlich von Cádiz, entwickelte sich das Fe-

Auch ein Kampfstier fängt mal klein an – in Medina Sidonia werden die besten gezüchtet

rienzentrum *Novo Sancti Petri* – mit Hotel der gehobenen Kategorie und exklusivem Golfplatz (Tel. 956 49 40 05, www.golf-novosancti.es).

Praktische Hinweise

Information

Oficina de Turismo, Plaza San Juan de Dios, 11, Cádiz, Tel. 956 24 10 01, Fax 956 24 10 05, www.cadizturismo.com

Hotels

******Parador Hotel Atlántico**, Avda. Duque de Nájera, 9, Cádiz, Tel. 956 22 69 05, Fax 956 21 45 82, www.paradores.de Einziges Komforthotel im Altstadtzentrum, gewohnt guter *Parador*-Standard.

*****Las Cortes de Cádiz**, c/ San Francisco, 9, Cádiz, Tel. 956 22 04 89, www.hotellascortes.com. Zentral gelegenes und sehr gemütliches Mittelklassehotel.

****Bahia Hostal**, c/ Plocia, 5, Cádiz, Tel. 956 25 90 61, Fax 956 25 42 08. Freundliches Haus mit gutem Preis-Leistungs-Verhältnis, etwas außerhalb der Halbinsel in der Nähe von Bahnhof und Hafen.

Restaurants

El Faro, c/ San Felix, 15, Cádiz, Tel. 956 21 11 01. Meeresgetier vom Feinsten. Gehobene Preisklasse. Günstiger speist man in der angegliederten *Tapas*-Bar.

Mesón Miguel Angel, Plaza de Mina, 1, Cádiz, Tel. 956 21 35 00. Beliebtes Restaurant am schönsten Platz der Stadt (Mi geschl.).

50 Medina Sidonia

Weißes Dorf an der ›Route der Stiere‹.

Etwa 25 km landeinwärts von Cádiz liegt Medina Sidonia. Getreidefelder und vor allem Weideland, auf dem viel versprechende **Kampfstiere** grasen, dominieren die Umgebung.

Die Stadt steht im Zeichen der Familie Medina Sidonia, die zurückgeht auf den tapferen Guzmán el Bueno [s. S. 123]. Zur politischen Macht gesellte sich die wirtschaftliche: Die Herzöge galten als größte Latifundienbesitzer des Landes, und noch heute gehören sie zu den führenden Adelsfamilien Andalusiens.

Der **Arco de la Pastora**, ein doppelter maurischer Hufeisenbogen, führt in die Stadt. Das Gewirr malerischer Gassen

Dorf und Land gingen 1294 als königliches Geschenk an die Familie der Medina Sidonia

wird auf ihrem höchsten Punkt überragt von den Ruinen der Burg. Sehenswert ist auch die Kirche **Santa María Coronada**, die Elemente von Gotik und Renaissance vereint.

51 Conil de la Frontera

Fischerort mit hübscher Altstadt.

Conil ist ein verträumter **Fischerort** geblieben, wenn auch der Hafen inzwischen verlegt wurde, um den Badegästen am Strand Platz zu machen.

Von der einstigen Festung blieb nur der **Torre Guzmán** erhalten, von der Stadtbefestigung das Tor *Arco de la Villa*. Hat der Ort auch an Sehenswürdigkeiten nicht viel zu bieten, so lohnt doch ein Bummel durch die Gassen oder ein Spaziergang am langen, breiten Sandstrand. Nördlich schließt sich die Steilküste an, die bei Ebbe schöne Buchten freilegt. Populär ist der Strand **La Fontanilla** mit guten Fischrestaurants.

Praktische Hinweise

Information

Oficina de Turismo, Ctra. El Punto, s/n, Conil de la Frontera, Tel. 956 44 05 01, Fax 956 44 05 00, www.conildelafrontera.es

Strandparadies der Costa de la Luz – die Playa Fontanilla macht Urlaubsträume wahr

Hotels

****__Hotel Fuerte Conil__, Playa Fontanilla, Conil de la Frontera, Tel. 956 44 323 44, Fax 956 44 23 00, www.fuertehoteles.com. Ökologisch geführtes Hotel im andalusischen Stil in einem subtropischen Garten, direkt am Strand.

*__Oasis__, Corril de la Fuente, 3, Conil de la Frontera, Tel. 956 44 21 59, www.alojamientosoasisconil.com. Günstiges Hotel nahe Zentrum und Strand.

52 Vejer de la Frontera

›Grenzdorf‹ mit maurischem Charakter.

Der kleine Ort gehört zu den schönsten Weißen Dörfern der Region und liegt malerisch in 218 m Höhe auf einer Felsenklippe über dem Río Barbate. Im Gewirr der Gassen mit weißgetünchten Häusern und blumengeschmückten *Patios* hat sich viel vom Geist des Orients erhalten. Den höchsten Punkt des Ortes nehmen die Überreste der *Festung* ein. Einen Blick wert ist die Pfarrkirche **El Divino Salvador** mit romanischen, gotischen und mudéjaren Elementen. Bei einer Siesta auf der palmengesäumten **Plaza de España** mit ihrem *Azulejo*-geschmückten Brunnen kann man sich einige Jahrhunderte zurückträumen.

i Praktische Hinweise

Hotel

***__Convento San Francisco__, La Plazuela, s/n, Vejer de la Frontera, Tel. 956 45 10 01, Fax 956 45 10 04, www.tugasa.com. Klösterlich schlicht und dennoch stilvoll, mit gutem Restaurant.

53 Cabo de Trafalgar und Caños de Meca

Eine geschichtsträchtige Küstenlandschaft wird zum Aussteigerparadies.

Am 21. Oktober 1805 ging das **Kap von Trafalgar** in die Geschichte ein, als hier die englische Flotte die spanisch-französischen Gegner besiegte. In dieser Seeschlacht fand der britische Oberbefehlshaber Lord Nelson den Tod.

TOP TIPP Der breite Sandstrand am **Cabo de Trafalgar** lädt heute zu Strandwanderungen bis zur Steilküste östlich des Dorfes *Caños de Meca* ein. Die romantischen Badegrotten mit den Steilwänden, aus denen **Süßwasserquellen** wie kleine Wasserfälle sprudeln, sind einen Umweg wert (Abstieg in die Buchten nur bei Ebbe möglich!).

54 Zahara de los Atunes

Thunfische und lange Sandstrände.

Wie der Name schon sagt, lebt der Ort vom **Thunfischfang**. Mai und Juni sind die Hauptfangmonate, und gejagt wird auf uralte Weise: Die Fische werden in ein großes Netz getrieben und dann von den Fischern einzeln aufgespießt.

Fremde kommen weniger wegen dieses archaischen Schauspiels. Sie locken vielmehr die herrlichen **Sandstrände** in der Umgebung des Dorfes.

i Praktische Hinweise

Hotels

*****Gran Sol**, Av. de la Playa, Zahara de los Atunes, Tel. 956 43 93 09, Fax 956 43 91 97, www.gransolhotel.com. Traditionsreiches Haus in neo-maurischem Stil direkt am Strand.

*****Pozo del Duque**, Carretera Atlanterra, 32, Barbate, Tel. 956 43 94 00, Fax 956 43 90 97, www.pozodelduque.com. Angenehmes Haus mit Swimmingpool im Fischerdorf Barbate.

55 Baelo Claudia

Beeindruckendste römische Ausgrabungsstätte der Region.

Vorbei an Stierweiden und dem herrlichen weißen und unverbauten **Sandstrand** von **Bolonia** gelangt man zum Ausgrabungsgelände von **Baelo Claudia** (im Sommer Di–Sa 10–19.30, So 10–13 Uhr, im Winter Di–Sa 10–17.30 Uhr). Die römische Siedlung wurde Ende des 2. Jh. v. Chr. gegründet, unter Kaiser Claudius (reg. 41–54) erhielt sie den Rang einer Gemeinde. Ab Ende des 2. Jh. setzte aufgrund wirtschaftlicher und sozialer Krisen der Niedergang ein. Nach einem Erdbeben verfiel die Stadt völlig und wurde erst zu Beginn des 20. Jh. ausgegraben.

Das *Areal* selbst beeindruckt besonders im Frühjahr, wenn die Ruinen in einen Blumenteppich eingebettet sind. Auszumachen sind die *Stadtmauern* und das *Forum*, um das herum sich die meisten öffentlichen Gebäude gruppieren: Kapitol, Kurie, Gerichtshof, Geschäfte, Basilika und Marktplatz. Etwas abseits, von Gräsern überwuchert, liegt das kleine *Theater*. In Strandnähe wurden die Überreste des damaligen *Geschäftsviertels* entdeckt. Zu erkennen sind mehrere große Tröge, in denen Fische eingesalzen wurden, denn Salzfisch und die daraus hergestellten Saucen waren Haupthandelsprodukte des Ortes.

56 Tarifa

TOP TIPP *Südlichste Stadt Spaniens und Mekka der Windsurfer.*

Die Bedeutung Tarifas durch die Jahrhunderte resultierte aus seiner Lage an der Meerenge, dort, wo die **Straße von Gibraltar** ganze 14 km breit ist. Iberer und Phönizier errichteten in dieser Region Siedlungen. Die Römer nannten den Ort *Iulia Traducta* und schifften sich hier nach Afrika ein.

Für die Mauren war Tarifa ein wichtiger Brückenkopf. Befestigt wurde die Stadt im 7. Jh. unter Tarif Ben Malik, auf den der heutige Stadtname zurückgeht. Im Kampf um die Rückeroberung der Stadt 1294 tat sich der Kommandant der Festung, Alonso Pérez de Guzmán, hervor. Der Legende nach opferte er den Mauren seinen Sohn, um die Stadt zu halten. Guzmán erhielt den Beinamen *El Bueno* (der Gute), Landbesitz sowie den Titel eines Herzogs von Medina Sidonia und wurde Begründer eines der mächtigsten Adelsgeschlechter Spaniens.

Man betritt die sehenswerte Altstadt durch das Tor, auf dem Tarifas eindrucksvoller Ehrentitel ›*muy noble muy leal y heroica ciudad*‹ (›die sehr edle, treue und heldenhafte Stadt‹) prangt.

Sanft oder wild, von Tarifa bis Zahara findet jeder Windsurfer sein ideales Revier

TOP TIPP Ein Bummel führt zum **Castillo Guzmán el Bueno**. Der Weg dorthin lohnt vor allem wegen des Blickes auf die afrikanische Küste. Oben lädt ein kleines **Heimatmuseum** (Di–Sa 11–13.30 und 16–18, So 11–13 Uhr) zu einem Besuch ein. Nur einen Katzensprung entfernt liegt der *Fischereihafen*, in dem auch die Schiffe nach Tanger ablegen. Ihm vorgelagert ist der **Punta de Tarifa** oder **Punta Marroquí**, der südlichste Punkt des europäischen Festlandes.

In der Vergangenheit hielt man die in Tarifa unaufhörlich blasenden Winde für ein Fremdenverkehrshindernis. Das änderte sich mit dem Windsurfingboom. Tarifa wurde zu einer der **Windsurfermetropolen** Europas, doch trotz des zunehmenden Tourismus hat der Ort seinen ursprünglichen kleinstädtischen Charakter bewahrt.

Tanger

35 Min. Fahrzeit benötigen Schnellfähren von Tarifa zu dem gegenüberliegenden marokkanischen Tanger.

i Praktische Hinweise

Information

Oficina de Turismo, Paseo de la Alameda, s/n, Tarifa, Tel./Fax 956 68 09 93, www.tarifaweb.com

Hotels

TOP TIPP ***Hurricane**, Ctra. Málaga–Cádiz, km 77, Tel. 956 68 49 19, Fax 956 68 03 29, www.hotelhurricane.com. Stilvolles Hotel am Strand mit großem Sportangebot und beliebtem Restaurant.

*****Dos Mares**, Ctra. Málaga–Cádiz, km 75, Tel. 956 68 40 35, Fax 956 68 10 78, www.dosmareshotel.com. Freundliche Unterkunft mit Sportangeboten.

****Cortijo Las Piñas**, Ctra. Málaga–Cádiz, km 74,3, Tel. 956 68 51 36, Fax 956 23 63 31, www.cortijolaspinas.com. Der Gutshof verfügt über Reitpferde (auch Unterricht), eine eigene kleine Stierkampfarena und einige familiengerechte Apartments.

57 Algeciras

Fährhafen nach Marokko.

Die Hafenstadt (104 000 Einw.) in der gleichnamigen Bucht liegt dem Felsen von Gibraltar gegenüber. Außer **Hafenatmosphäre** hat Algeciras nicht viel zu bieten. Lediglich Besucher, die einen Abstecher nach Afrika – ins marokkanische *Tanger* oder das zollfreie, spanische *Ceuta* – eingeplant haben, verbringen hier einige Zeit. Auf der Weiterfahrt nach Westen passiert man **Puerto del Cabrito** mit großartigem Blick auf das afrikanische Küstengebirge.

i Praktische Hinweise

Information

Oficina de Turismo, beim Hafen, c/ Juan de la Cierva, s/n, Algeciras, Tel. 956 57 26 36, Fax 956 57 04 75

Fähre: Mehrmals täglich (meist stündlich) Fährverbindungen nach Ceuta (Fahrtzeit: 1 Std. bzw. 20/30 Min. mit entsprechend teureren Katamaranen) und nach Tanger (Fahrtzeit: 2 Std. 30 Min.).

Vom Morgenrot verzaubert: Felsen von Gibraltar und Hafenanlagen von Algeciras

Gibraltar – britischer Fels in der Brandung

Weithin sichtbar ragt der 425 m hohe, 4,8 km lange und bis zu 1,4 km breite Felsen von Gibraltar aus dem Meer. Die britische Enklave auf der Iberischen Halbinsel wird von ihren Bewohnern zärtlich **The Gib** genannt. Die Stadt Gibraltar, am Westhang des Felsens gelegen, ist provinziell und kosmopolitisch zugleich. Die 28 000 Einwohner bilden ein buntes **Völkergemisch** aus einheimischen Gibraltarian-Briten, Spaniern, Marokkanern und Indern, die in Englisch, Spanisch und einer Mischung beider Sprachen, dem *Llanito* parlieren.

58 Gibraltar

Britische Lebensart unter südlicher Sonne.

Zu den Bewohnern von *The Gib* kommen Scharen von Besuchern: Briten auf der Suche nach den letzten Resten des *Great Empire*, Spanier, die die Geschäfte mit zollfreier Ware am Casemates Square stürmen, und Neugierige auf einem Tagesausflug.

Die bekanntesten Bewohner des Felsens sind jedoch die **Berberaffen**, die die Briten im 18. Jh. aus Nordafrika importierten. Es heißt, solange sie auf Gibraltar leben, bleibe ›The Rock‹ britisch.

Geschichte In der Antike galten das heutige Gibraltar und der gegenüberliegende Dschebel Musa als die mythischen **Säulen des Herkules**. Die Legende erzählt, die gewaltige Kraft des Halbgottes habe hier – am Ende der damals bekannten Welt – die beiden Berge als Stützen zwischen Himmel und Erde geschaffen. Die *Straße von Gibraltar*, 60 km lang und an ihrer schmalsten Stelle 14 km breit, verbindet Atlantik und Mittelmeer. Kein Wunder, dass der strategisch an der Schaltstelle zwischen Europa und Afrika günstig gelegene Felsen von Gibraltar schon früh heftig umkämpft war.

Im Jahr 711 überquerten der berberische Feldherr Tarik und seine Mannen die Straße von Gibraltar und machten den Felsen zum Ausgangspunkt für ihre Eroberung der Iberischen Halbinsel. Tarik zog weiter, aber sein Name blieb dem Felsen: ›Dschebel al Tarik‹ ›Berg des Tarik‹, woraus Gibraltar wurde.

1309 eroberte Guzmán el Bueno den Felsen für die Spanier zurück. Doch erst 1462 wurde Gibraltar endgültig wieder christlich-spanisch. Im spanischen Erbfolgekrieg besetzten britische Truppen 1704 den Felsen, der ihnen nach dem **Frieden von Utrecht** 1713 zugesprochen wurde.

Auch auf dem Festland gern gesehen – ein Bobby weiß immer, wo's langgeht

Die Spanier gaben Gibraltar nie verloren, doch alle Versuche der Rückeroberung scheiterten, nicht nur die militärischen. In einem **Referendum** entschieden sich 1967 mehr als 95 % der Bewohner für den Verbleib im britischen Königreich. Die neue Verfassung erklärte Gibraltar zur britischen **Kronkolonie**. Die Spanier reagierten beleidigt und schlossen die Grenze. Erst 1980 wurde die Wiedereröffnung beschlossen, die dann schließlich 1985 erfolgte.

Regiert wird die Kronkolonie von einem Gouverneur, Vertreter der Queen. In inneren Angelegenheiten ist man autonom, Außenpolitik und Verteidigung dagegen unterliegen der britischen Krone. Neuerdings wird auch gelegentlich eine gemeinsame Verwaltung durch Spanien und Großbritannien angestrebt. Dass die Einwohner Gibraltars an dieser Idee allerdings wenig Freude finden und Briten bleiben wollen, zeigten sie 2002 bei einem Referendum – mit immerhin 99 % der Stimmen!

Besichtigung Durch die kleine, dem Felsen vorgelagerte Stadt *La Linea* führt die Straße über eine Landenge bis zur spanisch-britischen Grenze. Die Einfahrtsstraße kreuzt – ein Kuriosum – die Landebahn des Flughafens und führt direkt ins Stadtzentrum. Die Altstadt beginnt mit dem Casemates Square.

Gibraltar City

Die wichigsten Gebäude der Stadt, die katholische Kathedrale **St. Mary the Crowned**, die anglikanische Kathedrale **Holy Trinity** und der Gouverneurspalast **The Convent**, vor dem mehrmals täglich die Wachablösung beobachtet werden kann, liegen an der Main Street. Das **Gibraltar Museum** (18/20 Bomb House Lane, Mo–Fr 10–18, Sa 10–14 Uhr) zeigt ein detailgetreues Modell des Felsens. Der Keller beherbergt ein gut erhaltenes maurisches Bad.

Rock Tour

Hauptattraktion Gibraltars ist natürlich der **Felsen** (relativ hoher Eintrittspreis!) selbst. Die Rock Tour kann mit dem eigenen Auto oder mit dem Taxi absolviert werden. Alternativ kann der Felsen mit der **Seilbahn** (im Sommer tgl. 9.30–17.15 Uhr, im Winter So geschl.) erschlossen werden. Sie hat am Alameda Park ihren Ausgangspunkt und führt über einen Zwischenstopp am Apes' Den (s. u.) zum Gipfel. Möchte man weitere Sehenswürdigkeiten am Rock kennenlernen, muss man sich dann allerdings auf längere Fußmärsche, u. a. auf der kurvigen Autostraße, einrichten.

So lohnt etwa die Tropfsteinhöhle **St. Michael's Cave** einen Besuch. Funde bewiesen, dass die größte der vielen Höhlen, die den Felsen durchlöchern, schon in neolithischer Zeit bewohnt war. Heute ziehen Besucherströme durch die romantisch-kitschig ausgeleuchtete Höhle, die ein grandioses Auditorium für Kon-

Nicht unbedingt schön, aber einzigartig liegt die Stadt zu Füßen von ›The Rock‹

Als tierische Attraktion werden die Affen von Gibraltar von allen Seiten verwöhnt

zerte, Ballett- und Theateraufführungen bildet.

Der Ansturm auf den Felsen ist in der Hauptsaison groß, die Autos und Menschen drängeln sich bei den Sehenswürdigkeiten. Die berühmtesten Bewohner des Felsens, die *Berberaffen*, ertragen es mit stoischer Ruhe. Den **Apes' Den** lässt sich kein Besucher entgehen. Exemplare der *Macaca Sylvanus*, des schwanzlosen Makaken, wurden von den Briten im 18. Jh. als Haustiere aus Nordafrika importiert. Einige entflohen der Gefangenschaft und fanden auf den Kalksteinklippen eine neue Heimat.

Ein Abstecher in das weit verzweigte Tunnelsystem der Verteidigungsstollen, Great **Siege Tunnels**, mit seinen massiven Kanonen erinnert an die große Belagerung Ende des 18. Jh.

Die Ursprünge von **Moorish Castle**, letzte Station auf dem Rundweg, sollen auf das Jahr der Einnahme des Felsens durch Tarik zurückgehen. Die Mauerreste, die heute noch auszumachen sind, stammen im Wesentlichen aus der ersten Hälfte des 14. Jh.

i Praktische Hinweise

Information

Telefonvorwahl: 003 50, es folgt die Nummer des Teilnehmers

Gibraltar Tourist Board, Duke of Kent House, Cathedral Square, Gibraltar, Tel. 749 50, Fax 749 43, www.gibraltar.gov.uk

Einreise: Zur Einreise benötigen EU-Bürger einen gültigen Personalausweis.

Geld: Die offizielle Währung ist das britische Pfund.

Straßenverkehr: Im Gegensatz zu Großbritannien herrscht in Gibraltar Rechtsverkehr.

Hotels

******Rock Hotel**, Europe Road, Gibraltar, Tel. 730 00, Fax 735 13, www.rockhotelgibraltar.com. Der Hotelklassiker in Gibraltar mit herrlichem Ausblick und wunderschönem Garten.

***Cannon**, 9, Cannon Lane, Gibraltar, Tel. 517 11, Fax 517 89, www.cannonhotel.gi. Preiswert nächtigen – modern, sauber, sehr nett, aber einfach.

Restaurants

Bunter's, 1, College Lane, Gibraltar, Tel. 726 69. Elegantes, französisch inspiriertes und oft prämiertes Restaurant.

Da Paolo, Marina Bay, Gibraltar, Tel. 767 99. Exquisite Küche am Wasser (So geschl.).

Pubs

Im Stadtzentrum gibt es zahlreiche britische Pubs mit original *Fish 'n' Chips*, Sandwiches und Ale vom Fass, z. B.

Star Bar, 12, Parliament Lane, Gibraltar, Tel. 759 24. Ältester Pub Gibraltars.

CORVINA

Andalusien aktuell A bis Z

Vor Reiseantritt

ADAC Info-Service:
Tel. 018 05/10 11 12, Fax 018 05/30 29 28 (0,14 €/Min.)

ADAC im Internet:
www.adac.de

Andalusien im Internet:
www.andalucia.org
www.spain.info

Spanisches Fremdenverkehrsamt:
Deutschland
Kurfürstendamm 63, 10707 Berlin, Tel. 030/882 65 43, Fax 030/882 66 61, berlin@tourspain.es

Grafenberger Allee 100, 40237 Düsseldorf, Tel. 02 11/680 39 80, Fax 02 11/680 39 85, dusseldorf@tourspain.es

Myliusstr. 14, 60323 Frankfurt/Main, Tel. 069/72 50 33, Fax 069/72 53 13, frankfurt@tourspain.es

Postfach 15 19 40, 80051 München, Tel. 089/53 07 46 11, Fax 089/53 07 46 20, munich@tourspain.es

Prospektbestellung in Deutschland: Tel. 061 23/991 34

Österreich
Walfischgasse 8/14, 1010 Wien 1, Tel. 01/512 95 80, Fax 01/512 95 81, viena@tourspain.es

Schweiz
Seefeldstr. 19, 8008 Zürich, Tel. 04 42 53 60 50, Fax 04 42 52 62 04, zurich@tourspain.es

Allgemeine Informationen

Reisedokumente

Personalausweis, Reisepass oder Kinderausweis für Deutsche, Österreicher und Schweizer. Für einen Ausflug nach Marokko ist der Reisepass erforderlich. Gibraltar gehört zu Großbritannien und kann daher von Bürgerinnen und Bürgern der EU ohne Formalitäten besucht werden; es empfiehlt sich jedoch, zumindest einen Personalausweis mitzuführen.

Kfz-Papiere

Führerschein und Zulassungsbescheinigung Teil 1 (vormals Fahrzeugschein). Es wird empfohlen, die Internationale Grüne Versicherungskarte mitzunehmen und eine Vollkasko- und Insassenunfallversicherung abzuschließen.

Krankenversicherung und Impfungen

Seit dem 1. Januar 2006 ist die Europäische Krankenversicherungskarte in die übliche Versicherungskarte integriert. Sie wird in ganz EU-Europa anerkannt und garantiert die medizinische Versorgung. Zusätzlich empfiehlt sich der Abschluss einer Reisekranken- und Rückholversicherung.

Reisemedizinische Hinweise für ADAC-Mitglieder: Tel. 089/76 76 77

Hund und Katze

Im EU-Heimtierausweis müssen die Kennzeichnung des Tieres (Mikrochip oder Tätowierung) und eine gültige Tollwutimpfung (mind. 30 Tage, max. 12 Monate alt) eingetragen sein. Potenziell gefährliche Hunde müssen mit Maulkorb an der Leine geführt werden.

Zollbestimmungen

Innerhalb der EU dürfen Waren zum eigenen Verbrauch unbegrenzt mitgeführt werden. Zur Abgrenzung von privater und gewerblicher Verwendung gelten folgende Richtmengen: 800 Zigaretten, 400 Zigarillos, 200 Zigarren, 1 kg Rauchtabak, 10 l Spirituosen, 20 l Zwischenerzeugnisse, 90 l Wein (davon max. 60 l Schaumwein) und 110 l Bier.

Bei Einreise aus Nicht-EU-Ländern (z.B. Schweiz, auch Gibraltar): max. 200 Zigaretten, 1 l Spirituosen über 22 % alc. oder 2 l unter 22 % alc., 50 ml Parfüm, 250 ml Eau de Toilette, 500 g Kaffee und 100 g Tee.

◁ *Andalusische Abwechslungen: Strandgrill im mondänen Marbella, Golf mit Küstenblick, Ausritt im stolzen Dreispänner oder auf einem Esel, ausgelassene Feiern und Marktbesuche*

Geld

Banken, Hotels und viele Geschäfte akzeptieren die gängigen *Kreditkarten*. An zahlreichen *EC-Geldautomaten* (Maestro) kann man rund um die Uhr Bargeld abheben.

Tourismusämter im Land

Die Fremdenverkehrszentralen, *Oficinas de Turismo*, händigen Stadtpläne aus, helfen bei der Unterkunftssuche und geben auch Auskunft über kulturelle Veranstaltungen oder Sportmöglichkeiten. Die Anschriften finden sich jeweils bei den *Praktischen Hinweisen* im Anschluss an die Ortsbeschreibungen im Unterwegs-Teil.

Turismo Andaluz S.A., c/ Compañía, 40, 29008 Málaga, Tel. 952 12 93 00, touristische Informationen Tel. 901 20 00 20

Notrufnummern

Einheitlicher Notruf: Tel. 112 (EU-weit, auch mobil: Polizei, Unfallrettung, Feuerwehr)

Ärztlicher Notruf: Tel. 061

Pannenhilfe des Real Automóvil Club de España (RACE): Tel. 915 93 33 33 oder Tel. 900 11 22 22 (Hilfe ist gebührenpflichtig)

ADAC-Notrufstation:
Barcelona, Tel. 935 08 28 28 (ganzjährig)

ADAC-Notrufzentrale München:
Tel. 00 49/89/22 22 22 (rund um die Uhr)

ADAC-Ambulanzdienst München:
Tel. 00 49/89/76 76 76 (rund um die Uhr)

Österreichischer Automobil Motorrad und TouringClub
ÖAMTC Schutzbrief-Nothilfe:
Tel. 00 43/(0)1/251 20 00

Touring Club Schweiz
TCS Zentrale Hilfsstelle:
Tel. 00 41/(0)2 24 17 22 20

Ein polizeiliches Protokoll ist für die Schadensregulierung bei Unfällen und v. a. bei **Personenschäden** unbedingt notwendig. Wer kein Spanisch spricht, sollte auf einen Dolmetscher bestehen und sich mit dem Konsulat in Verbindung setzen.

Diplomatische Vertretungen

Deutschland
Consulado General d'Alemania, Edificio Eurocom, Bloque Sur, c/ Mauricio Moro Pareto, 2–5, Málaga, Tel. 952 36 35 91, Fax 952 32 00 33, www.malaga.diplo.de

Consulado General d'Alemania, c/ Fernández y Gonzalez, 2-2°, Edificio Allianz (Plaza Nueva), Sevilla, Tel. 954 23 02 04, Fax 954 23 95 52, www.sevilla.diplo.de

Österreich
Consulado d'Austria, Alameda de Colon, 26, Málaga Tel. 952 60 02 67, Fax 952 22 90 89, www.bmaa.gv.at

Schweiz
Consulado de Suiza, Apartado de correo, 7, Málaga, Tel. 645 01 03 03, www.eda.admin.ch

Sicherheit

Besonders in den großen Städten und Touristenzentren ist es ratsam, auf seine Habseligkeiten zu achten. Wertsachen sollten im Hotelsafe aufbewahrt werden. Es empfiehlt sich, Fahrzeuge mit ausländischen Nummernschildern in einem Parkhaus oder auf einem bewachten Parkplatz abzustellen. Diebstähle sollten bei den zuständigen Polizeidienststellen (*Comisarías*) angezeigt werden, die Schadensmeldung kann dann der Versicherung vorgelegt werden.

Besondere Verkehrsbestimmungen

Tempolimits (in km/h): Innerhalb geschlossener Ortschaften gilt allgemein für alle Fahrzeuge 50. Außerorts dürfen Pkw und Motorräder 90 fahren, Wohnmobile bis 3,5 t 80 und Pkw mit Anhänger 70. Analog gelten auf Straßen mit mehr als einer Autofahrspur in jeder Richtung 100/90/80, auf Schnellstraßen und Autobahnen 120/100/80.

Überholverbot besteht 100 m vor Kuppen sowie auf Straßen, die nicht mindestens 200 m zu überblicken sind.

Das Tragen einer reflektierenden **Warnweste** beim Verlassen des Fahrzeuges im Falle einer Panne oder eines Unfalls außerhalb geschlossener Ortschaften ist Pflicht. **Abschleppen** durch Privatfahrzeuge ist verboten. Während der Fahrt ist **Telefonieren** nur mit Freisprecheinrichtung erlaubt.

Die **Promillegrenze** liegt bei 0,5.

Das **Parken** auf Bürgersteigen ist in Ortschaften verboten. Gelbe Linien am Straßenrand bedeuten Parkverbot, blaue Linien zeitlich begrenzte Parkerlaubnis (Beschilderung beachten).

Anreise

Auto

Umfangreiches **Informations-** und **Kartenmaterial** können Mitglieder des ADAC in Deutschland kostenlos unter Tel. 018 05/10 11 12 (0,14 €/Min.) anfordern. Im ADAC Verlag sind außerdem die Länder-Karte *Spanien und Portugal*, (1:800 000 bzw. 4er-Kartenset 1:500 000) sowie die UrlaubsKarten *Östl. Andalusien/Costa del Sol* und *Westl. Andalusien/Costa de la Luz* (jew. 1:200 000) erschienen. Ferner sind der Reiseführer *Spanien* sowie das Reisemagazin *Spaniens Süden und Madrid* erhältlich.

Für die Anreise von Mitteleuropa nach Südspanien sollte man 2–3 Tage einplanen. Mit dem Pkw sind zwei **Routen** nach Andalusien zu empfehlen. Entlang der *Mittelmeerküste* bis Murcia und weiter auf der E15 Richtung Almería und Costa del Sol bzw. auf der A92 N bei Lorca nach Granada. Durch das *Landesinnere*: über Burgos nach Madrid und auf der E05 Richtung Córdoba bzw. bei Linares auf der E902 nach Granada.

Die **Autobahnen** in Frankreich und Spanien sind gebührenpflichtig, die ebenfalls meist gut ausgebauten Autovías in Spanien gebührenfrei. **Bleifreies Benzin** (*Sin Plomo* bzw. *Euro Super*) ist überall erhältlich. **Autobahntankstellen** akzeptieren Kreditkarten und sind durchgehend geöffnet, die übrigen bis ca. 20 Uhr.

Bahn

Die Bahnanfahrt ist umständlichund relativ teuer. Die Zugfahrt geht entweder über Port Bou und Barcelona nach Madrid oder entlang der Küste Richtung Valencia und weiter nach Linares-Baeza [Nr. 28]. Eine zweite Route führt über Irún nach Madrid. Von Madrid ist mit dem spanischen Hochgeschwindigkeitszug AVE die andalusische Hauptstadt Sevilla schnell und bequem in gut zwei Stunden zu erreichen.

Deutsche Bahn, Tel. 118 61 (gebührenpflichtig), 08 00/150 70 90 (sprachgesteuert), www.bahn.de

Bus

Die Deutsche Touring GmbH fährt von mehreren deutschen Städten nach Andalusien, u. a. nach Granada, Málaga, Sevilla; Fahrzeit 35–48 Stunden.

Deutsche Touring GmbH (Europabus), Am Römerhof 17, 60486 Frankfurt/Main, Tel. 018 05/79 03 03 (0,14 €/Min.), Fax 069/790 32 19, www.deutsche-touring.com

Fähre

Von Algeciras mehrmals täglich Fähren nach Tanger und Ceuta. Per Schiff kann man von Málaga nach Melilla übersetzen.

Flugzeug

Der *Aeropuerto de Málaga* (Tel. 952 04 84 84), 8 km westlich des Stadtzentrums, ist der wichtigste Flughafen von Andalusien. Er wird von Linien- und Charterfluggesellschaften, darunter auch sog. Billigfliegern, von vielen europäischen Flughäfen aus angeflogen. Gleiches gilt für die Flughäfen Almería (Tel. 950 21 39 00), Granada (Tel. 958 24 52 00), Jerez de la Frontera (Tel. 956 15 00 00) und Sevilla (Tel. 954 44 90 00).

Bank, Post, Telefon

Bank

Banken *(Bancos)* sind in der Regel Mo–Fr 8.30–14 Uhr (Mai–Sept.), von Okt. bis April auch Sa 8.30–13 Uhr geöffnet. Ein Personalausweis ist nötig beim Einlösen von Schecks, z. T. auch beim Abheben von Bargeld.

Post

Die Postämter (*Oficina de Correos*) sind Mo–Fr 9–13 und 16–19 Uhr, Sa 9–13 Uhr geöffnet. Briefmarken (*Sellos*) erhält man auch in Tabakgeschäften (*Estancos*).

Telefon

Internationale Vorwahlen:
Spanien 00 34
Gibraltar 003 50
Deutschland 00 49
Österreich 00 43
Schweiz 00 41

In Spanien müssen die ehem. Ortsvorwahlen als Bestandteil der Rufnummern *immer* mitgewählt werden. Ausgenommen sind Mobiltelefon- und Notrufnummern.

Es gibt Münz- und Kartentelefone; Karten (*Tarjetas telefónicas*) sind in Postämtern und Tabakläden (*Estancos*) erhältlich.

In ganz Spanien sind die handelsüblichen **GSM-Mobiltelefone** nutzbar.

Einkaufen

Öffnungszeiten: Die Geschäfte öffnen zwischen 9 und 10 Uhr, zwischen 14 und 16/17 Uhr wird Siesta gehalten. Abendlicher Ladenschluss ist meist um 19/20 Uhr. Große Kaufhäuser haben mittags durchgehend geöffnet, in der Regel sogar bis 22 Uhr.

In Andalusien kann man schöne **Keramikwaren** erstehen, jede Provinz hat ihre eigenen Farben und Motive. Córdoba ist berühmt für **Lederwaren** und filigranen **Silberschmuck**. Auch Ubrique ist bekannt für qualitätvolle Lederarbeiten, Grazalema für hochwertige **Webwaren** im Berberstil. In Granada kann man schöne **Holzeinlegearbeiten** (*Taracea*) erwerben, z. B. Teetische, Schachspiele, Tabletts etc. Hübsche Fächer und handbestickte Schultertücher werden in Sevilla verkauft. Beliebte **kulinarische Mitbringsel** sind der luftgetrocknete Schinken (*Jamón serrano*), Paprikawurst (*Chorizo*), Käse (*Queso*), Olivenöl und eingelegte Oliven. An der ersten Stelle der ›flüssigen‹ Souvenirs stehen Sherry und Brandy aus Jerez de la Frontera.

Essen und Trinken

Das **Frühstück** (*Desayuno*) nehmen die Andalusier gegen 9 Uhr zu sich, meist in Form einer Tasse Kaffee mit einem Croissant oder geröstetem Weißbrot, das mit Olivenöl beträufelt wird. Beliebt sind auch *Churros*, ein Fettgebäck, das in heiße, dickflüssige Schokolade getunkt wird. Das **Mittagessen** (*Almuerzo*) gibt es in der Regel erst ab 14 Uhr. In den Restaurants ist es üblich, ein komplettes Menü, d. h. Vorspeise, Hauptgericht und Dessert, zu bestellen. Für den **kleineren Appetit** oder für den Hunger zwischendurch gibt es in Andalusien *Tapas*, köstliche Schlemmereien, die auf einem kleinen Schälchen an der Theke zu einem Glas Wein oder Bier serviert werden. Das **Abendessen** (*Cena*) findet für die Andalusier nicht vor 21 Uhr statt, es wird mit drei Gängen zelebriert.

Trinkgeld

In Restaurants ist ein Trinkgeld in Höhe von 10–15 % des Rechnungsbetrages üblich. Die Spanier nehmen das Wechselgeld in Empfang und lassen dann die *Propina* (Trinkgeld) auf dem Tisch liegen. Eine *Propina* erwarten auch Gepäckträger, Zimmermädchen und Taxifahrer.

Rauchverbot

In allen öffentlichen Gebäuden in Spanien herrscht Rauchverbot. In größeren Bars und Restaurants gibt es Nichtraucherzonen. Bei kleineren Lokalen entscheiden die Besitzer, ob geraucht werden darf. Ist dies der Fall, ist Minderjährigen der Zutritt untersagt.

Feste und Feiern

Feiertage

1. Januar (Neujahr/*Año Nuevo*), 6. Januar (Heilige Drei Könige, *Los Reyes Magos*), 28. Februar (Andalusientag/*Día d'Andalucía*), März/April (Karfreitag, Ostern/*Viernes Santo*, *Semana Santa*), 1. Mai (Tag der Arbeit/*Día del Trabajo*), Mai/Juni (Fronleichnam/*Corpus Cristi*), 15. August (Mariä Himmelfahrt/*Asunción*), 12. Oktober (Nationalfeiertag/*Día de la Hispanidad*), 1. November (Allerheiligen/*Todos los Santos*), 6. Dezember (Tag der Verfassung/*Día de la Constitución*), 8. Dezember (Mariä Empfängnis/*Concepción Immaculada*), 25. Dezember (Weihnachten/*Navidad*)

Feste

Nirgendwo sonst in Spanien werden so viele Feste gefeiert wie in Andalusien. Neben den zahlreichen religiösen Feiern, v. a. die **Semana Santa** (Karwoche), spielen im Frühjahr und Herbst die **Ferias**, eine Art Kirmes, eine wichtige Rolle im andalusischen Festkalender. Das Spanische Fremdenverkehrsamt [s. S. 129] publiziert jedes Jahr eine Broschüre, in der die andalusischen Feste und Feiern aufgeführt werden.

Februar

Cádiz: Bekannt für seine ausgelassenen Karnevalsfeiern.

März–April

Ganz Andalusien: Die prachtvollen Prozessionen der *Semana Santa* sind ein unvergessliches Erlebnis.

Sevilla: *Feria de Abril*, größtes Fest dieser Art in Andalusien. Stierkampf steht auf dem Programm, Señoras präsentieren sich in wallenden Flamencokleidern, Caballeros paradieren hoch zu Ross.

Mai

Córdoba: *Festival de los Patios Populares*, es werden die schönsten Innenhöfe der Stadt prämiert.

Andalusische Köstlichkeiten

Die andalusische Küche hat viele herzhafte ›Armeleutegerichte‹ hervorgebracht. Sehr beliebt sind **Cocidos**, deftige Eintöpfe mit Kichererbsen, Kartoffeln, Paprikawurst, **Chorizo**, und Blutwurst, **Morcilla**. Fast schon ein Nationalgericht ist die **Tortilla española**, ein sättigendes Kartoffelomelette. Vorzüglich ist auch der typische **Gazpacho andaluz**, eine kalte Tomatensuppe, bestehend aus pürierten Tomaten, Gurken, Knoblauch, Weißbrot, Paprikaschoten sowie einem Schuss Olivenöl und Essig.

Breit gefächert ist das Angebot an Fischgerichten und Meeresfrüchten. Sehr gerne isst man den in Öl ausgebackenen Fisch, **Pescaito frito**, der zuvor in Mehl gewendet wird. Als typisch unter den Fleischgerichten gilt der Stierschwanz, **Rabo de toro**. Huhn, **Pollo**, und Kaninchen, **Conejo**, werden gerne mit viel Knoblauch zubereitet. Eine wahre Delikatesse ist der Schinken vom Iberischen Schwein. Den besten Ruf genießt der von Jabugo und Trevélez.

Nicht nur bei den **Nachspeisen** lässt sich der maurische Einfluss erkennen, vieles wird mit Mandeln, Datteln, Pinienkernen und Honig zubereitet. Anknüpfend an diese Tradition bieten einige gehobene Restaurants auch exquisite hispano-arabische Hauptgerichte an. Die fantasievollen Kreationen werden verfeinert durch die Verwendung orientalischer Gewürze, hinzu kommen auch hier Mandeln, Pinienkerne, Orangen und Honig.

Tapas sind kleine kulinarische Leckerbissen, die in unzähligen Variationen in den Bars angeboten werden. In den Vitrinen an der Theke sind diese verführerischen Appetithäppchen ausgestellt, der Gast hat dann die Qual der Wahl. Auf kleinen Schälchen werden Oliven, **Aceitunas**, kleine eingelegte Fischchen, **Boquerones en vinagre**, luftgetrockneter Schinken, **Jamón serrano**, Käse, **Queso**, Salate, **Ensaladas**, und vieles mehr serviert.

›Dulcos‹, süße Verlockungen

Gegrillte Sardellen

Luftgetrockneter Schinken

Der klassische Aperitif ist der **Fino**, der trockene Sherry. Ähnlich im Geschmack sind der **Manzanilla** aus Sanlúcar de Barrameda sowie die Weine aus Montilla und Moriles (Córdoba). Zum Essen trinkt man einen Wein, **Vino**, gerne auch verdünnt mit Wasser, **Tinto de verano**, Bier, **Cerveza**, oder Mineralwasser, **Agua con o sin gas**, d. h. mit bzw. ohne Kohlensäure. Als Dessertweine bieten sich die süßeren Sherryweine an, beliebt sind auch die hochwertigen spanischen Brandys.

Jerez de la Frontera: *Feria del Caballo*, Volksfest, im Mittelpunkt stehen die rassigen andalusischen Pferde.

El Rocío: *Romería de Rocío*, die größte und fröhlichste Pfingstwallfahrt in ganz Spanien.

Juni

Córdoba, **Granada** und **Sevilla**: Während der *Fronleichnamsprozessionen* werden riesige Monstranzen durch die Städte getragen.

September

Jerez de la Frontera: *Vendimia*, Weinfest mit Pferdeumzügen und einem Flamencofestival.

Ronda: *Feria de Pedro Romero*, Stierkämpfe in historischen Trachten und Flamencovorführungen.

Klima und Reisezeit

Die besten Jahreszeiten für eine Rundreise durch Andalusien sind Frühjahr und Herbst. Im Juli und August steigen die Temperaturen im Landesinneren zeitweise auf über 40° C im Schatten. An der Küste lässt es sich dagegen vergleichsweise gut aushalten. Es empfiehlt sich, für die Frühjahrs- und Herbstmonate Übergangskleidung mitzunehmen. Auch sollte man bedenken, dass es mitunter selbst im sonnigen Süden einmal regnen kann.

Klimadaten Sevilla

Monat	Luft (°C) min./max.	Wasser (°C)	Sonnen- std./Tag	Regen- tage
Januar	6/15	15	5	5
Februar	7/17	14	5	5
März	9/20	15	6	3
April	11/24	16	8	3
Mai	13/27	17	11	2
Juni	17/32	20	11	1
Juli	20/36	21	12	0
August	20/36	24	12	0
September	18/32	21	8	2
Oktober	14/26	18	7	4
November	10/20	17	5	6
Dezember	7/16	14	5	5

Kultur live

Informationen und die genauen Termine zu verschiedenen kulturellen Veranstaltungen in Andalusien sind bei den Fremdenverkehrsbüros [s. S. 129] erhältlich.

Die Semana Santa gehört der Muttergottes

Juni/Juli

Granada: *Internationales Musik- und Tanzfestival* (www.granadafestival.org). Aufführungsorte wie der Generalife oder der Palast von Karl V. tragen zur ganz besonderen Atmosphäre dieses Festivals bei.

August

Nerja: *Musik- und Tanzfestspiele* in der Höhle von Nerja.

Almería: *Internationales Musikfestival.*

September

Jaén: Das *Festival de Otoño* ist ein dreimonatiges Kulturereignis mit Theater-, Tanz- und Musikdarbietungen an diversen Aufführungsorten der Stadt.

Nachtleben

Andalusien ist ein Paradies für Nachtschwärmer. In den kühlen Abendstunden geht die ganze Familie zum Spazieren auf den Paseo, die Flaniermeile. Auf den Plätzen lässt man dann bei einem Glas Wein oder Bier den Abend ausklingen. Die Jugendlichen machen die Nacht zum Tag, Kneipen und Diskotheken sind bis in die frühen Morgenstunden geöffnet. Man trifft sich gegen 23 Uhr und zieht dann von Kneipe zu Kneipe.

Sport

In den spanischen Fremdenverkehrsämtern [s. S. 129] sind Informationsbroschüren zu den verschiedensten Sportmöglichkeiten erhältlich.

Golf

Vor allem an der Küste gibt es ein dichtes Netz von Golfplätzen. Auskunft erteilt:

Federación Andaluza de Golf, Sierra de Grazalema, 33, Málaga, Tel. 952 22 55 90, Fax 952 22 03 87, www.golf-andalucia.net

Reiten

Andalusien ist ein Reiterland par excellence. Zentrum der Pferdeaufzucht ist Jerez de la Frontera. Als Pferdenarr sollte man sich die Vorführung der ›tanzenden andalusischen Pferde‹ [s. S. 114] nicht entgehen lassen.

Ferner gibt es zahlreiche Angebote für Reitunterricht und Reitausflüge, z. B.

Caballo Blanco Trekking, Cortijo La Chaparra, Aptdo-17, Lista De Correos, Lanjaron, Tel. 958 34 71 75, www.caballoblancotrekking.com

Skifahren

Das Skigebiet der Sierra Nevada, Pradollano, gilt als schneesicher von November bis Ende Mai. Die Skiausrüstung kann auch vor Ort ausgeliehen werden. Informationen gibt das Fremdenverkehrsamt von Granada [s. S. 53].

Wandern

Andalusien wird seit einigen Jahren auch von Wanderfreunden entdeckt. Allerdings sind die Wege meist nicht sehr gut markiert, etwas Orientierungsgabe ist hier von Vorteil. Die besten Wandermöglichkeiten bieten sich in den Naturparks, z.B. in Grazalema, in der Sierra de Cazorla y Segura, in den Alpujarras und im Torcal de Antequera. Informationen erteilt die:

Federación Andaluza de Montañismo, Camino de Ronda, 101, Granada, Tel./Fax 958 29 13 40, www.fedamon.com

Alles Glück dieser Erde liegt auf dem Rücken der Pferde – jedenfalls in Andalusien

Wassersport

Die Badeorte an der Küste bieten alle Arten von Wassersport an. Informationen über Möglichkeiten zu Segeln, Surfen, Tauchen oder Wasserski zu fahren erteilen die örtlichen Tourismusämter.

Das Mekka für Surffreaks ist Tarifa. Für Anfänger ist das Windparadies an der Südspitze Spaniens allerdings weniger geeignet. Die Ausrüstung kann man sich auch vor Ort ausleihen.

Statistik

Lage: Andalusien liegt in Südspanien. Im Norden bildet die *Sierra Morena* eine natürliche Barriere zur *Meseta*, dem Hochland von Kastilien. Im Nordwesten grenzt Andalusien an die Extremadura. Nach Westen hin markiert der Río Guadiana die Grenze zu Portugal. Im Süden liegen die Küstenabschnitte der *Costa de la Luz* (Atlantik) und der *Costa del Sol* (Mittelmeer). Im Nordosten grenzt Andalusien an die Region Murcia.

Fläche: 87 268 km^2

Einwohner: Andalusien hat 7,5 Mio. Einwohner. Das entspricht knapp einem Sechstel der spanischen Bevölkerung.

Religion: über 90 % römisch-katholisch.

Verwaltung: Andalusien ist eine der 17 Autonomen Regionen Spaniens.

Hauptstadt: Sevilla (715 000 Einw.) ist Sitz der Landesregierung und des Landesparlaments.

Wirtschaft: Andalusien gehört zu den weniger entwickelten Regionen Spaniens. Die Arbeitslosenrate ist mit über 20 % zusammen mit der Extremadura die höchste des Landes. Die wichtigsten Erwerbszweige des Landes sind der Tourismus (14 % des gesamtspanischen Tourismus) und die Landwirtschaft (vor allem Oliven, Wein und Getreide).

Unterkunft

Über das Angebot an Hotels, *Paradores*, *Hostales*, Pensionen und *Casas Rurales* (Unterkünfte auf dem Land) geben die Tourismusbüros Auskunft [s. S. 130]. Jedes Jahr erscheint für Andalusien ein neues Hotel- und Campingverzeichnis, *Guía de Hoteles*, *Guía de Camping*, das nach den einzelnen Provinzen geordnet ist. Es gibt auch eine Broschüre *Guía de Hotel Rurales de Andalucía*, in der schöne Unterkünfte in ländlicher Umgebung vorgestellt werden. Während der Osterwoche empfiehlt es sich, Zimmer rechtzeitig zu resevieren.

Apartments

Vor allem an der Küste gibt es eine große Auswahl an Apartments, die in der Regel für Selbstversorger eingerichtet sind. Die möblierten Ferienwohnungen werden klassifiziert mit 1–4 Schlüsseln.

Camping

Die Campingplätze sind je nach Ausstattung und Lage eingeteilt in 1 bis 3 Sterne; ein aktuelles Verzeichnis ist in den Touristikämtern erhältlich. Eine Auswahl geprüfter Campingplätze bietet der jährlich erscheinende *ADAC Camping Caravaning Führer Südeuropa*, der im Buchhandel oder bei den ADAC-Geschäftsstellen auch als CD-ROM erhältlich ist.

Hostales, Pensiones, Fondas

Hostales (HS) und **Pensiones** (P) werden nach ihrem Standard mit 1 bis 3 Sternen kategorisiert. Noch günstiger für Reisende mit schmalem Budget sind **Fondas** (F), einfache Herbergen ohne jeglichen Komfort, und Privatunterkünfte, kenntlich an den Schildern *Camas* (Betten) oder *Habitaciones* (Zimmer).

Hotels

Je nach Komfort und Ausstattung sind die Hotels (H) in Spanien von 1 bis 5 Sternen gekennzeichnet. Häuser mit herausragendem Komfort sind mit GL für *Gran Lujo* (Großer Luxus) verzeichnet.

Jugendherbergen

Für die Unterkunft in Jugendherbergen, *Albergues Juveniles*, ist der Internationale Jugendherbergsausweis vorzulegen. Informationsmaterial erhält man über:

Red Española de Albergues Juveniles,
c/Vírgen de la Victoria, 46, Sevilla,
Tel. 955 03 58 00, Fax 955 03 58 50,
www.reaj.com

Paradores

Hervorragend ist die Qualität der staatlich geführten *Paradores*, www.paradores.de bzw. www.parador.es. Die stilvollen Hotels sind zumeist in alten Burgen, Klöstern oder Herrenhäusern untergebracht. Reservierungen u. a. möglich über:

IHR Ibero Hotelreservierung,
Immermannstr. 23, 40210 Düsseldorf,
Tel. 02 11/864 15 20, Fax 02 11/864 15 29,
www.iberotours.de

Verkehrsmittel im Land

Bahn

Die Bahn ist ein vergleichsweise preisgünstiges Fortbewegungsmittel in Spanien. Die **RENFE** (Tel. 902 24 02 02, www.renfe.es), die staatliche Zuggesellschaft, ist, was Pünktlichkeit und Komfort angeht, weit besser als ihr Ruf. An der Küste verkehrt nur zwischen Málaga und Fuengirola ein Nahverkehrszug. Der Reiseveranstalter **Ibero Tours** in Düsseldorf (Tel. 02 11/864 15 20, www.iberotours.de) hat die Vertretung der RENFE in Deutschland übernommen und stellt Fahrkarten für internationale sowie innerspanische Verbindungen aus.

Der Hochgeschwindigkeitszug AVE verbindet Sevilla über Córdoba mit Madrid, die Verlängerung bis nach Málaga ist in Planung.

Bus

Das Busnetz ist in Andalusien vorzüglich ausgebaut. Zwischen den Provinzhauptstädten verkehren mehrmals täglich moderne Reisebusse. Etwas niedriger ist in der Regel der Busstandard bei den Verbindungen zwischen den kleineren Ortschaften. In den Busbahnhöfen (*Estación de Autobuses*) erhält man Fahrpläne und Tickets.

Mietwagen

Leihwagen werden in allen größeren Städten und auch in den Küstenorten angeboten. Zumeist lohnt sich ein Preisvergleich zwischen den einzelnen Anbietern. Mitglieder des ADAC können über die ADAC-Geschäftsstellen oder unter Tel. 018 05/31 81 81 (0,14 €/Min.) bei der **ADAC-Autovermietung** preisgünstig ein Fahrzeug buchen.

Taxi

Taxifahren ist in Andalusien relativ preisgünstig. Am einfachsten ist es, per Handzeichen ein Taxi anzuhalten, bei freien Taxis leuchtet ein grünes Licht auf dem Dach. Alle Taxis sind mit einem Taxometer ausgestattet. Für Gepäckbeförderung und Nachtfahrten werden Zuschläge berechnet.

Register

Impressum

Redaktionsleitung: Dr. Dagmar Walden
Lektorat und Bildredaktion: Elisabeth Schnurrer, Augsburg
Aktualisierung: Cornelia Hübler
Karten: Computerkartographie Carrle, München
Herstellung: Martina Baur
Druck, Bindung: Stürtz GmbH, Würzburg
Printed in Germany

Ansprechpartner für den Anzeigenverkauf: Kommunalverlag GmbH & Co KG, MediaCenterMünchen, Tel. 089/92 80 96-44

ISBN 978-3-89905-424-8
ISBN 978-3-89905-324-1 Reiseführer Plus

Gedruckt auf chlorfrei gebleichtem Papier

Neu bearbeitete Auflage 2007

Bildnachweis

Umschlag-Vorderseite: Nerja.
Foto: *LOOK (Jürgen Richter), München*
Umschlag-Vorderseite Reiseführer Plus: Andalusische Señorita im festlichen Flamencokleid (Wh. von S. 113 unten).
Foto: *Thomas Peter Widmann, Regensburg*

Titelseite
Oben: Märchenhafte maurische Baukunst – Alhambra in Granada (Wh. von S. 45)
Mitte: Lebhafte Strandfreuden an der Costa Tropical in Salobreña (Wh. von S. 54)
Unten: Feurig-beschwingter Sinnenrausch – Flamenco in Sevilla (Wh. von S. 98)

Außer den nachstehend angeführten Quellen stammen alle fotografischen Arbeiten von laif (Anna Neumann), Köln.

ddp Deutscher Depeschendienst GmbH, Berlin: 15 unten – *Huber Bildagentur, Garmisch-Partenkirchen:* 108 oben (*R. Schmid*) – *IFA Bilderteam, München:* 16/17 (*Harris*) – *Gerold Jung, Ottobrunn:* 6, 7 unten, 10 unten, 26, 27, 28 (unten), 37, 47, 48, 53, 73, 97 oben, 104 oben, 104 Mitte, 108 unten, 111, 115 unten, 120 unten, 128 Mitte rechts, 128 unten links – *laif, Köln:* 126, 127 (*Miguel Gonzalez*) – *LOOK, München, Jürgen Richter*: 18, 19, 30 oben, 35, 39 oben, 119 – *Mauritius, Mittenwald*: 42 (*Thonig*) – *Werner Neumeister, München*: 78/79 – *Gregor M. Schmid, Gilching*: 116, 135 – *Süddeutscher Verlag Bilderdienst, München*: 12, 13 (2), 14, 15 oben – *Klaus Thiele, Warburg*: 7 oben, 11 oben, 29, 54, 55, 57, 58 oben, 59, 61 (2), 63, 66, 92 oben, 106, 109, 123 oben, 134 – *Turismo Andaluz/Pressebüro Andalusien, Mühlheim*: 128 oben rechts – *White Star, Hamburg*: 28 oben (*Gumm*), 122 – *Thomas Peter Widmann, Regensburg*: 8 unten, 36, 66 oben, 67, 68, 80, 86, 89, 91, 95, 98, 107 oben, 113 unten, 133 Mitte

ADAC-ReiserücktrittsVersicherung
Reisetraum geplatzt? Wir helfen weiter.
Ein volles Jahr lang finanzieller Schutz bei Abbruch oder Stornierung einer Reise. Weltweit gültig – auch für Reisen in Deutschland.
Schon ab 30,65 € im Jahr.
Weitere Informationen: ☎ 0 180 5 10 11 12*
www.adac.de und überall beim ADAC
*14 Cent/Min. aus dem Festnetz der T-Home
ADAC
Besser drin. Besser dran.
VERSICHERUNG • TOURISTIK • FINANZDIENSTLEISTUNG • MOBILITÄT